教育部人文社会科学研究青年基金项目（项目号：14YJC740115）成果

张培翠 庄会彬 著

汉语

伪定语现象之
韵律语法阐释

FAKE ATTRIBUTIVES IN MANDARIN CHINESE:
A PROSODIC SYNTAX PERSPECTIVE

社会科学文献出版社
SOCIAL SCIENCES ACADEMIC PRESS (CHINA)

目　录

第一章 引言

自吕叔湘（1965）以来，伪定语句式吸引了学界的诸多目光。然而，对于什么是伪定语，伪定语包括哪些类别，伪定语是如何得来的等诸多问题，学界一直没有一个统一的看法或者观点。本研究不揣谫陋，将致力于厘清类似问题，并通过韵律语法对伪定语的推导做出解释。

本章布局如下：第一节开宗明义，先对伪定语现象做出界定，而后对伪定语做出分类；第二节就本书的研究目标和研究内容做一交代。

第一节 伪定语的界定与分类

先观察以下几个例句，体会其定语的特殊性：

（1）他的老师当得好。
（2）你别泼他的冷水。
（3）他卖了三年的鱼。
（4）他唱了两次歌。

以上四句中的定语，从语义上来说颇为特殊。其中，（1）中

"他的老师"显然不是指"教他的老师"而是指"他当老师"这件事；（2）中"他的冷水"显然并非表明"冷水"是"他"的，而是指"向他泼冷水"；（3）中"三年"也不是指一条"鱼"，而是指卖鱼这件事他做了三年；（4）中的"两次"也不是真正修饰"歌"，而是指唱歌唱了"两次"。以上这些特别的定语，都可以归入伪定语范畴，在学界常被称为"伪定语"或"形义错配"。

那么，什么是"伪定语"呢？伪定语的"伪"该如何断定？按照以往的研究，我们可以初步断定，伪定语之所以被称为伪定语，实际上是由于它们在形式上虽是定语，在语义上则不然。如在（1）中，"他的"并非真正修饰"老师"，而只是形式上充当了"老师"的定语，语义上仍是该句的主语；（2）中，"他的"在形式上充当了"冷水"的定语，而语义上为该句的宾语（其中"泼冷水"的意思为"打击"，"泼他的冷水"即为"打击他"）；（3）和（4）中，"三年的""两次"在形式上充当了"鱼""歌"的定语，而在语义上实为该句的补语。

由此，对于伪定语，我们有了以下定义，即指**那些形式上为某一名词性成分的定语，而语义上并非修饰该名词，但出于某种原因出现在该名词定语位置的成分**。

尽管有些文献在谈及伪定语时只拘泥于"他的老师当得好"这类句式，如邓思颖（2008，2009，2010）、刘礼进（2009）、程工、熊建国、周光磊（2015）等，但多数研究（Huang，1991，1997，2005；Tang，1998；黄正德，2004，2008；沈家煊，2007；吴怀成，2008；邓思颖，2008，2009，2010；庄会彬、刘振前，2012；Zhuang，2017；等等）都会把伪定语分为两类讨论，即伪领属和伪名量，前者如（1）、（2）所示，后者如（3）、（4）所示。本书也采取这种做法，但有时为了深入讨论，会把（1）称为"主语定化"现象或直接称为"他的老师当得好"现象，把（2）称为"宾语定化"现象，或直接称"泼他的冷水"现象；（3）和（4）则根据黄正德（2004，2008）的做法，分别以"期间短语""频率短语"来指称。

另外，除了以上两类伪定语，学界还提到第三类伪定语——状语定化（刘辉，2009）。举例如（5）：

（5）a. 走夜路

　　b. 开夜车

　　c. 洗冷水澡

　　d. 吃开口饭

　　e. 告地状①

　　f. 打雪仗

　　g. 吃白食

　　h. 吃独食

　　i. 打群架

　　j. 拜晚年

　　k. 喝倒彩

　　l. 帮倒忙

　　m. 喝喜酒

　　n. 打零工

本书也把这类伪定语一并考虑在内，并尝试做出统一解释。

第二节　本书的研究目标和研究内容

伪定语现象引人入胜，然而，要真正对其展开研究，我们需要

---

① 指把自己的不幸遭遇写在地上，向路人诉说不幸的行为。

首先明确两点：第一，要研究什么；第二，该怎么研究。只有先确立目标，才可以为全面展开讨论提供标杆，并为深入探讨提供动力：

统观以往的研究，我们设立目标如下：

（1）探求"伪定语"现象的本质及形成机制；

（2）尝试构建一套理论框架，并探讨其适用性问题。

为此，我们将逐一思考以下问题，并做出回答。

（1）伪定语是如何形成的，是句法原因还是韵律原因所致？

（2）具体到各类伪定语现象，其句法结构、音系结构分别是什么样的？两者之间既然无法匹配，如何能够恰当地表达语义、传递信息？这一过程是如何实现的？

（3）为什么汉语多伪定语现象？该用哪些因素解释这一现象？汉语的具体特点（如韵律特征、话题凸显、词汇根性特征等）是否对伪定语现象的形成有所影响？

（4）具体到伪定语的推导，是否存在某些成分，为推导形义错配结构而被插入或者删除？

（5）从跨语言的视角来看，其他语言中是否存在形义错配？这些语言与汉语的异同何在？对解释汉语的形义错配有什么启示？

（6）有了对形义错配现象的深入探讨，句法、韵律、语义之间的关系是否该重新思考？

由此，我们的研究内容主要包括以下几个方面。

第一，对现代汉语伪定语的界定和分类。

在生成语法框架下研究伪定语，首先要对伪定语进行界定和分类，这是做进一步研究的前提。对于伪定语的界定，可以借助伪定语的特征来完成。而伪定语的分类，则免不了要参考伪定语的句法位置及其内部语义关系特征。本书主要参照以往的方法进行分类，如第一节所示。

第二，建构伪定语研究的理论框架，引入韵律考量。

以往的研究表明（详见第二章的文献综述），各种伪定语虽然表面类似，但其产生机制并不相同，不宜一概而论。由于句法、韵律、语义等各种因素错综交织，纷繁复杂，要揭示其内部的推导机制，单纯在句法内部完成还存在一定的困难，只有将句法、韵律、语义等多方面的因素考虑在内，才有可能真正做出满意的解释。其中，韵律便是一个重要的方面，以往的研究已经表明，伪定语（部分）是句法、语义与韵律交互作用的结果，其语音形式的推导最终在句法－韵律（音系）接口完成。因此，要对伪定语做出令人满意的解释，必须把韵律因素纳入考量范围。

本书在对伪定语进行界定和分类的基础上，采用韵律语法理论展开研究。这一理论框架具有以下几个特点：

（1）本着"伪定语是由普通句式推导而来，是语法、韵律运作的结果"这一基本原则，从句法－韵律接口着手，探求伪定语产生的最根本的动因；

（2）审视从词库（Lexicon）到语音形式（Phonetic form）的完形推导过程，探讨伪定语的产生轨迹；

（3）解释短语在句法与韵律层面运作完成后的拼出过程中如何推导，并最终形成伪定语；

（4）解释伪定语这一形式是否会影响语义的传达，以及如何满足信息加工和语义传达的需要。

第三，总结伪定语的形成机制及其进入自然语言的规律。

根据建构的理论框架和对该框架的论证，总结伪定语从词库到语音形式的推导过程，以及伪定语在各个推导阶段上反映出的转换特征，特别是句法－韵律接口、句法－语义接口问题，伪定语的句法结构在深层、表层中的语音形式和语义形式分别是什么样的？伪定语是如何推导的？"的"是怎么来的？伪定语的语义传达与理解是如何完成的？

第二章 文献回顾

以往对伪定语现象的研究明显分为两个阶段。早期的研究以吕叔湘（1965）、赵元任（Chao，1968）、黄国营（1981，1982）、朱德熙（1982）等为代表，他们虽然已触及伪定语的多个方面，如伪定语的定性、伪定语的次类划分、伪定语的语义特征、伪定语产生的动因及形成机制等，但当时这些研究主要还是停留在描写的层面，对相关现象缺乏应有的解释，在学界也没有引起足够的重视。最近十年来，伪定语再次引起学界的重视，学者们就伪定语的定性（彭兰玉，2001，2005；黄正德，2004，2008；钱书新，2005；沈家煊，2007；刘礼进，2009；邓思颖，2009，2010；等等）、伪定语的内部关系（Chao，1968；朱德熙，1985；张伯江，1994a；张伯江、方梅，1996；钱书新，2004，2005；李绍群，2010；等等）、伪定语的次类划分（黄正德，2004，2008；沈家煊，2007；邵敬敏，2009；等等）、伪定语结构的语义指向（张伯江，1994b；李敏，1997，2006；金镇宇，1999；傅满义，2003；吴早生，2012；等等）、伪定语的语义关系（萧国政，1986；李锦望，1993；张其昀，1996；陆汝占、靳光瑾，1996；吴怀成，2007；邵敬敏，2009；等等）、伪定语产生的动因及形成机制（朱德熙，1982；李锦望，1993；张云徽，1996；黄正德，2004，2008；沈家煊，2007；吴怀成，2008；

邵敬敏，2009；刘礼进，2009；邓思颖，2009，2010；李绍群，2010；潘海华、陆烁，2011；许歆媛、潘海华，2014；Zhuang，2017；等等）、"的"的特性（刘公望，1984；曲凤荣，2002；钱书新，2004；庄会彬、刘振前，2012；Zhuang，2017；等等）做了深入讨论。

总体而言，伪定语的研究日渐深入，并越来越彰显了其研究的价值和独特的魅力。尤为值得关注的是，近几年，学者们的研究视角也日趋多样化。

（1）生成语法视角，如黄正德（2004，2008）、邓思颖（2009，2010）的"名物化"，刘礼进（2009）的"关系化"，韩巍峰、梅德明（2011）的"主题化"。

（2）认知语言学的视角，如沈家煊（2007），吴怀成（2008），史金生、邝艳（2010）等所倡导的"糅合"，郝静、贺麟茜（2012）提出的"构式"等。

（3）句法为主，兼顾韵律的视角，如程工、熊建国、周光磊（2015）、Zhuang（2017）等。

（4）其他视角，如彭兰玉（2005）等从语用的角度，吴垠（2007）等从修辞的角度，刘辉（2009）等从事件量词语义的角度，萧国政（2010）等从语言信息处理的角度，杨炎华（2013，2014）、胡建华（2016）等从语法中的显著性和局部性的角度也做出了各自的解释。

目前，伪定语现象研究已初具规模，并已成为汉语研究的热点之一。这里，我们只对与本研究有关的方面进行分析。

本章将分三部分对以往的研究进行回顾。第一节主要回顾形式句法推导的思路，第二节回顾认知糅合的思路，第三节回顾句法结合韵律的研究思路。通过以上三部分的回顾，本章试努力阐明韵律语法已经成为伪定语研究不得不使用的手段。

第一节　形式句法推导思路

（一）黄正德的解释

2004 年夏，黄正德先生在"吕叔湘先生 100 周年诞辰暨《现代汉语词典》发行 30 周年纪念大会"上报告了《他的老师当得好》一文（该文定稿后全文发表于《语言科学》2008 年第 3 期），立即引起学界热议（沈家煊，2007；吴怀成，2008；邓思颖，2009；刘礼进，2009；潘海华、陆烁，2011）。虽然，黄文之前，学界对伪定语现象已经有所关注（吕叔湘，1965；Chao，1968；黄国营，1981，1982；朱德熙，1982；等等），但当时的研究主要停留在描写层面，对相关现象缺乏应有的解释，在学界也没有引起足够的重视。因此可以说，伪定语研究能够在近十年成为热点，当得益于 2004 年黄正德的《他的老师当得好》这一报告。

时隔十年，我们再来读这篇文章却发现黄先生虽然努力对伪领属和伪名量做出统一解释，但例外频仍。我们先看他对伪领属的推导，以"他的老师当得好"为例，其推导过程如下：

（1）a. 他 DO［他的当老师］（得好）。　（深层结构）

　　　b. 他当$_i$［他的 t$_i$ 老师］（得好）。　（动词核心移位）

　　　c. ［e］当$_i$［他的 t$_i$ 老师］（得好）。　（受事主语句步骤一：主语省略）

　　　d. ［他的 t 老师］$_j$ 当 t$_j$（得好）。　（受事主语句步骤二：宾语提前）

　　　e. 他的老师当得好。　（表面结构）

应该说，黄先生的这一分析方法较好地运用了句法来推导伪定语句式。然而，面对新的语料，这一方案仍然显得左支右绌。请看下面的例句：

　　（2）你别泼他的冷水。
　　（3）小王总是吃我的醋。
　　（4）王先生一直在打李小姐的主意。
　　（5）小沈阳走别人的路，让别人无路可走。[①]

例（2）～（5）显然是地道的汉语，然而，用黄正德（2004，2008）的方案来推导却格外困难。既然黄先生认为伪定语是谓语名物化所致，这就意味着如果出现伪定语，那么也应该在谓语名物化后，由其主语转为该名物短语（Gerundive Phrase）的领属语（possessor），而不可能凭空冒出其他领属语。如此一来，"你泼冷水"名物化的结果只能是"你别泼你的冷水"，而不会是"你别泼他的冷水"。因此，也就不会有例（2）～（5）这样的伪定语结构（刘振前、庄会彬，2011）。当然黄先生（Huang，1997）也曾尝试用 Larson 的 VP－壳假说（Larson，1988）来分析"他们绑了我的票"，但对于"的"的由来却语焉不详。

　　再来看一个伪名量例句（6）：

　　（6）李老师教了我们三年的语文。

然而按照黄先生的分析方案，这一例句的推导颇有难度。根据黄先生的思路，它应该源自下面的结构：

---

① 该例来自当代著名演员小沈阳的小品，应是根据但丁的名句"走自己的路，让别人说去吧"类推而来。

（7）

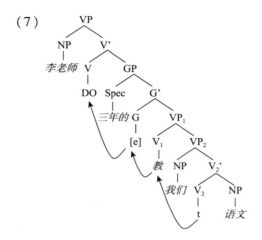

也就是说，名词化的谓语"教我们语文"会被置于 GP 之下，动量短语"三天"则占据其定语位置。然而，如（7）所示，虽然"教"可以移至语音上为空的 V 位置（标记为 DO），"我们"却不能提升到高于"三年"的任何位置。

仔细观察就会发现，黄先生的推导方案不仅有其不及之处，还会导致过度生成，如我们会说（8）a、（9）a，但不会说（8）b、（9）b。

（8）a. 他的老师当得好。

b. *他的老师当了。

（9）a. 他的媒人当成了。

b. *他的媒人当了。

然而，根据黄先生的推导方案，（8）b、（9）b 完全可以推导出来，如（10）所示：

（10）a. 他 DO［他的当老师］（了）。　（深层结构）

　　　b. 他当$_i$［他的 t$_i$老师］（了）。　（动词核心移位）

　　　c.［e］当$_i$［他的 t$_i$老师］（了）。　（受事主语句步骤一：主语省略）

　　　d.［他的 t 老师］$_j$当 t$_j$（了）。　（受事主语句步骤二：宾语提前）

　　　e. ＊他的老师当了。　（表面结构）

不仅如此，根据黄先生的方案，（11）、（12）也可以推导出来。

（11）＊他的李四打得好。

（12）＊他教了三年的我。

其推导过程分别如（13）、（14）所示：

（13）a. 他 DO［他的打李四］（得好）。　（深层结构）

　　　b. 他打$_i$［他的 t$_i$李四］（得好）。　（动词核心移位）

　　　c.［e］打$_i$［他的 t$_i$李四］（得好）。　（受事主语句步骤一：主语省略）

　　　d.［他的 t 李四］$_j$打 t$_j$（得好）。　（受事主语句步骤二：宾语提前）

　　　e. ＊他的李四打得好。　（表面结构）

（14）a. 他 DO（了）三年的教我。　（D－结构）

　　　b. 他教$_i$（了）三年的 t$_i$我。　（动词核心移位）

　　　c. ＊他教了三年的我。　（S－结构）

d. *

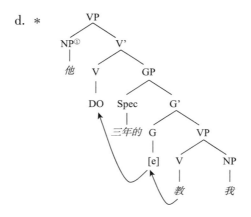

可见，黄先生的这一分析方案还面临着一些亟须回答的问题。

（二）邓思颖的解释②

邓思颖（2009）修改了黄正德的分析方案，并设置了参数以解释南北方言的差异。他提出，动名化是通过动词移位产生的——动词提升到名物化词头 Nom 的位置。对于伪定语句式，他认为，形成动名词的动词是没有语音成分的空动词 e，而伪定语则是以附接（adjunction）方式加到名物化短语 NomP 之上的。其结构如（15）所示（邓思颖，2009：243）：

（15）$[_{NomP}$伪定语 $[_{NomP}$ Nom $[_{VP}e$ 宾语$]]]$

尽管邓思颖对黄正德的方法有所修正，但如果用来解释例（2）这类现象，却还是捉襟见肘。邓先生认为，"虽然空动词没有语音成分，但却是一个有意义的词汇词"（邓思颖，2009：243），即形成

---

① 有人或许会说，这里应该标示 DP。我们接受 DP 假说，但汉语的名词短语常常难以辨识是 DP 还是 NP，因此在本研究中我们多以 NP 标示，统指包括 DP 和 NP 两类名词短语。关于 DP，我们在第六章还有进一步的讨论。

② 注意：邓思颖（2008，2009，2010）与刘礼进（2009）只讨论了伪领属，而没有涉及其他几类伪定语。

动名词的动词仍然是有意义的。既然有意义，它就必然排斥与其不相干的伪定语附接。这也就意味着，出于语义的限制，邓思颖的分析方法无法将伪定语"他的"引入例句（2）的名物化短语 NomP 中来。

其实，邓先生的推导方案还面临着更为严峻的问题——违反了题元标准。要知道，"当"是一个二元谓词，要求带两个论元。这两个论元在其语义结构（thematic structure）中各自对应着一个题元角色，分别为"施事"和"受事"①。然而，反观邓先生的推导方案，却只有"老师"一个论元来接受一个题元角色的指派。邓先生认为，伪定语"他的"是后来附接上去的（邓思颖，2008：243），"他"自然不可能是"当"的论元，也就不能接受题元角色的指派。如此一来，"当"的一个题元角色无法指派，则明显违反了题元标准（θ – Criterion）。

（三）刘礼进的解释

刘礼进（2009）采用关系化提升理论（De Vries，2002）的移位与合并，对伪定语现象做出解释，例示如（16）：

（16）a.　$[_{\text{DP-rel}}\ \text{Op}\ [_{\text{NP}}\text{老师}]] \rightarrow$

b.　$[_{\text{DP-rel}}\ [_{\text{NP}}\text{老师}]\ \text{Op}\ t_n] \rightarrow$

c.　$[_{\text{IP}}\text{他当}\ [_{\text{DP-rel}}\text{老师}_n\ \text{Op}\ t_n]] \rightarrow$

d.　$[_{\text{CP}}\ [_{\text{DP-rel}}\text{老师}_n\ \text{Op}\ t_n]_i\ [_{\text{IP}}\text{他当}\ t_i]] \rightarrow$

e.　$[_{\text{DP}}\ [_{\text{D}}\ \phi]\ [_{\text{CP}}\ [_{\text{DP-rel}}\text{老师}_n\ \text{Op}\ t_n]_i\ [_{\text{IP}}\text{他当}\ t_i]]] \rightarrow$

f.　$[_{\text{DP D'}}\ [_{\text{CP}}\ [_{\text{C}}\ [_{\text{IP}}\text{他当}\ t_i]\ \text{的}]\ [_{\text{DP}}\ [_{\text{D}}\ \phi]\ [_{\text{CP}}\ [_{\text{DP-rel}}$ 老师$_n\ \text{Op}\ t_n]_i\ \text{C}\ t_{ip}]]]] \rightarrow$

g.　$[_{\text{DP D'}}\ [_{\text{CP}}\ [_{\text{C}}\ [_{\text{IP}}\text{他当}\ t_i]\ \text{的}]\ [_{\text{DP}}\ [_{\text{D}}\ \phi]\ [_{\text{CP}}\ [_{\text{DP-rel}}$

---

① 关于"施事""受事"的观点，黄国营先生早有定论（黄国营，1982：122）。

老师ₙ Op tₙ]ᵢ C tᵢₚ]]]]（当得好）。

以上推导可谓别出心裁，但这一方案能否用来解释"泼他的冷水"之类的伪定语仍存在疑问：难道说它来自"你别泼他（该泼）的冷水"［参见刘礼进（2009：50）的例（25）］？也许有人会说，刘先生的题目是《也谈"NP1 的 NP2 + V 得 R"的生成》，自然已经把（2）这类伪定语排除在讨论范围之外了。而事实是，刘先生的讨论范围并没有限于"NP1 的 NP2 + V 得 R"句式，而是涉及了伪名量以外的各种伪定语，并一一表达了自己的观点（刘礼进，2009：45、50）。更何况，他还宣称："我们有理由认为，所有的汉语准定语结构都是通过关系化移位/合并生成的……"（刘礼进，2009：48）所以说，我们的批评并非无的放矢。

事实上，刘先生的推导方案也面临着和邓先生同样的问题——违反了题元标准。我们再来看（16），或许有人觉得（16）的伪定语也是关系从句缩减的结果，即由"他当的老师当得好"删除"当"而形成的。这正是刘礼进（2009）提出的观点。然而，问题并不是那么简单。前面已经说过，"当"是一个两元谓词，要求带两个论元，分别被指派一个题元角色。然而，如果把"他"看作位于DP 下的关系从句内部成分的话，就意味着"当"的一个题元角色无法指派，从而严重违反了题元标准。可见（16）并不适合用"关系化移位与合并"来分析。①

另外，刘先生的方案也同样面临着过度生成的问题。例如，（8）b、（9）b、（11）中的非法句子用刘礼进的方案一样可以推导出来

---

① 有人可能会说，"他的老师当得好"是一个"得"字句，"得"的性质目前还没有定论，或许是"得"的介入影响了"当"的论元结构呢！既然这样，我们不妨换一个例子，"他的媒人没当成"。这里没有了"得"字作祟，"他"和"媒人"一个是"当"的施事，一个是"当"的受事［这一点黄国营先生（1982：122）早有定论］。如果我们把它看成是由"他当的媒人没当成"经过删除前面的"当"而生成的，那么肯定是违反了题元标准。

［刘礼进（2009）并未涉及伪名量］。（8）b 和（11）的推导分别如（17）、（18）所示。

（17）a. $[_{DP-rel}$ Op $[_{NP}$老师$]]$ →

　　　b. $[_{DP-rel} [_{NP}$老师$]$ Op $t_n]$ →

　　　c. $[_{IP}$他当 $[_{DP-rel}$老师$_n$ Op $t_n]]$ →

　　　d. $[_{CP} [_{DP-rel}$老师$_n$ Op $t_n]_i [_{IP}$他当 $t_i]]$ →

　　　e. $[_{DP} [_D φ] [_{CP} [_{DP-rel}$老师$_n$ Op $t_n]_i [_{IP}$他当 $t_i]]]$ →

　　　f. $[_{DP D'} [_{CP} [_C [_{IP}$他当 $t_i]$ 的$] [_{DP} [_D φ] [_{CP} [_{DP-rel}$老师$_n$ Op $t_n]_i$ C $t_{ip}]]]]$ →

　　　g. * $[_{DP D'} [_{CP} [_C [_{IP}$他当 $t_i]$ 的$] [_{DP} [_D φ] [_{CP} [_{DP-rel}$老师$_n$ Op $t_n]_i$ C $t_{ip}]]]]$（当了）。

（18）a. $[_{DP-rel}$ Op $[_{NP}$李四$]]$ →

　　　b. $[_{DP-rel} [_{NP}$李四$]$ Op $t_n]$ →

　　　c. $[_{IP}$他打 $[_{DP-rel}$李四$_n$ Op $t_n]]$ →

　　　d. $[_{CP} [_{DP-rel}$李四$_n$ Op $t_n]_i [_{IP}$他打 $t_i]]$ →

　　　e. $[_{DP} [_D φ] [_{CP} [_{DP-rel}$李四$_n$ Op $t_n]_i [_{IP}$他打 $t_i]]]$ →

　　　f. $[_{DP D'} [_{CP} [_C [_{IP}$他打 $t_i]$ 的$] [_{DP} [_D φ] [_{CP} [_{DP-rel}$李四$_n$ Op $t_n]_i$ C $t_{ip}]]]]$ →

　　　g. * $[_{DP D'} [_{CP} [_C [_{IP}$他打 $t_i]$ 的$] [_{DP} [_D φ] [_{CP} [_{DP-rel}$李四$_n$ Op $t_n]_i$ C $t_{ip}]]]]$（打得好）。

第二节　认知糅合思路

（一）沈家煊的解释

沈家煊（2007）用"类推糅合"对"他的老师当得好"这一句

式进行了分析。"类推糅合"的基础是一个方阵格局，如（19）所示：

（19）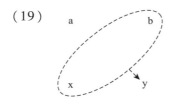

在这一方阵中，a 与 b 的关系类似于 x 与 y 的关系，即"横向相关，竖向相似"。其中 a、b、x 是现成的，将对角的 b 和 x 加以糅合，取 b 的结构式、x 的词汇项，即可得到 y。沈家煊（2007）认为，"他的老师当得好"的生成方式如（20）所示：

（20） a. 他讲课讲得好。

　　　　b. 他的课讲得好。

　　　　x. 他当老师当得好。

　　　　y. （一）←xb 他的老师当得好。

也就是说，汉语中已经有 a "他讲课讲得好"和 b "他的课讲得好"（两句是相关的），也已经有 x "他当老师当得好"（跟 a 相似），但是还缺少一个跟 x 相关而且跟 b 相似的 y。这时，将 b 和 x 加以糅合，取 b 的结构框架和 x 的词项，即可得到 xb "他的老师当得好"，填入 y 位置，便形成一个完整的方阵格局 a : b = x : y。

沈先生的理论听起来简单明了，但实际操作起来，却极为麻烦。按照沈先生的"糅合说"该如何"糅"出（2）、（6）？请先看（2）。

既然"泼他的冷水"是伪定语，它所在的位置肯定是 y，至于

x，我们的意见是"给/向他泼冷水"（当然，其他人可能还有别的见解）。b 该是什么呢？根据沈先生提出的限制条件（沈家煊，2007：3），b 应是使用频率高且与 y 相似度高的词语。似乎可以选用"打他的屁股"（相信这句的频率够高，从小就耳熟能详了），这句与 y 的结构非常相似。可是，a 该是什么？

（21）　a. ???

　　　　b. 打他的屁股。

　　　　x. 给他泼冷水。

　　　　y. （—）←xb 泼他的冷水。

如果按照沈先生的要求，最适合填入 a 位置的似乎是"给/向他打屁股"。这听上去有些滑稽，但问题很严肃。可以说，糅合假说并不像沈先生（2007：4）所说的"生成过程十分简单，不需要假设任何没有语音形式的成分，也不需要假设移位、删除等多个操作步骤，只需要假设一个步骤即'糅合'"，而是相当麻烦，"通过设置句子（概念）对应的方阵格局来执行糅合类推分析，从理论上和经验上来看都是一种较高成本的运作"（刘礼进，2009：46）。更何况，汉语中类似于"泼他的冷水"的结构还有很多，如"找他的别扭""绑他的架"等，如果把它们放在沈先生的矩阵中，前者的 x（可能是"给他找别扭"）和后者的 x（可能是"把他绑架"）甚至都不相同，每一个句子的 a、b 都要分别寻找，这可是大费脑筋的事情。

　　再看（6）。既然沈先生（2007：2）已经指出了有（22）这样的类推糅合：

（22）　a. 说话说了半天。

　　　　b. 说了半天的话。

　　　　x. 骂人骂了几个钟头。

　　　　y. 骂了几个钟头的人。

那么，按照（9）的"糅合"方法，很容易就"糅"出（6）了，如
（23）所示：

　　（23）a. 说话说了半天。

　　　　b. 说了半天的话。

　　　　x. 教我们语文教了三年。

　　　　y. （一）←xb（教了我们三年的语文）

然而，相对于（23），或许更容易"糅"出（24）：

　　（24）a. 说话说了半天。

　　　　b. 说了半天的话。

　　　　x. 骂我们骂了半天。

　　　　y. （一）←xb＊骂了半天的我们。
　　　　或
　　　　x. 教我们教了三年。

　　　　y. （一）←xb＊教了三年的我们。[①]

　　显然，"糅合说"很容易导致过度生成。此外，例（25）这类
句式中的动词有两种相反的意义，如果建立方阵来糅合，又去哪里
找 a、b 呢？

---

① 　或许有人指出，"教我们"和"说话"的相似度低。可沈先生在（22）中用的"说话"
　　和"骂人"的相似度也不高。

（25）a. 小王借了他几十年的钱。

　　　b. 我租了他们三年的房子。

　　　c. 他上了我一个月的课。

总而言之，"糅合说"不仅烦琐，而且容易造成类似于（24）的过度生成；对（25）这样的句式又无可奈何。因此，它并没有真正解决伪定语句式的产生问题。

（二）吴怀成的解释

正是因为糅合分析凸显出诸多问题，吴怀成（2008）对其做了一些修正，如进一步限制了条件，同时还将"类推糅合"进行了拓展，提出"由一种句式向另一种句式糅合类推，并非一定要词词对应，只要句子的格局一样，完全有可能产生糅合类推"（吴怀成，2008：130）。吴先生的巧妙之处在于，他设法绕开了例（2）这类语言现象［吴先生引用过黄国营（1981）一文，因而不可能对此视而不见］，而专注于讨论出现在动词前的伪定语，也就是所谓的"准定语＋N＋V得R"句式。如果把例（2）、例（6）拿来讨论，吴先生的结论则极有可能站不住脚。

另外，吴怀成（2008）总结出的"句式转换前提条件"也存在漏洞。他说"只有动词拷贝句式中的名词具有［＋无指性］语义特征和整个述宾结构具有［＋技能性］语义特征时，才可以转换为同义的'准定语＋N＋V得R'句式"（吴怀成，2008：132）。这一限定的确可以解释为什么"骂了几个钟头的人"能说，而"＊骂了半天的我们"就不能说。但问题又来了，（26）中的"这个牛"和"这条路"都是有所指的，而且不具有技能性，但依旧可以转换为"准定语＋N＋V得R"句式。

（26）a. 他吹这个牛吹得大了！→他的这个牛吹得大了！

　　b. 邓市长修这条路修得好哇！→邓市长的这条路修
　　　得好哇！

　　c. 弗兰克①挡那一枪挡得太及时了。→弗兰克的那一
　　　枪挡得太及时了。

由此看来，吴先生还有必要进一步限制伪定语成立的条件。

第三节　句法推导位置，兼顾韵律

（一）程工等的解释

程工、熊建国、周光磊（2015）综合分布式形态学与最简方案，提出伪定语实为句法后操作的结果，也就是说，从拼读（Spell - Out）到音系式（PF）的推导过程中，句法推导的结果可进行有限的调整，而这些调整通过特征拷贝和特征引入两种操作完成。具体说来，这一方案包括七步，结合例句"他的老师当得好"，可以详释如下。

第一步，从终端表中提取需要的词根和抽象特征，构成词汇阵列（Lexical Array）：

（27）LA = ｛他，老师，当，得，好，v，T，C｝。

第二步，从词汇阵列中提取生成第一个语段 vP 所需要的成分，构成词汇子阵列：

（28）LA$_1$ = ｛他，老师，当，得，好，v｝。

_____

① 电影《保镖》中的主人公。女主人公梅伦出席金像奖的颁奖晚会时，弗兰克为梅伦挡了一枪。

第三步，按概念结构生成 VP①，略去细节后如（29）所示：

（29）$[_{VP} [_{DP} 老师] [_{V'} [_V 当] [_{RP} 得好]]]$

第四步，生成第一个语段 vP：

（30）$[_{vP} [_{Pron} 他] [_{v'} [v] [_{VP} [_{DP} 老师] [_{V'} [_V 当] [_{RP} 得好]]]]]$

第五步，将推导式（30）分别向逻辑式和音系式推送，在向音系式推送的过程中接受进一步操作。

第六步，此步骤涉及音系式分支的操作，应汉语习惯的要求，两个相邻的名词性成分之间需有连接成分或停顿，由此产生了三种选择。

选择一。特征引入操作介入，为使代词"他"和其相邻名词"老师"之间有填充成分，插入"的"，形成伪定语：

（31）$[_{vP} [_{Pron} 他] \underline{的} [_{v'} [v] [_{VP} [_{DP} 老师] [_{V'} [_V 当] [_{RP} 得好]]]]]$

选择二。特征拷贝操作介入，在施事"他"和受事"老师"之间拷贝谓词"当"，形成动词拷贝句：

（32）$[_{vP} [_{Pron} 他] [_{v'} [_v \underline{当}] [_{VP} [_{DP} 老师] [_{V'} [_V 当] [_{RP} 得好]]]]]$

---

① 有关概念结构的讨论参见程工（1999：240~241）。

选择三。不进行额外操作，形成焦点句：

（33）[$_{vP}$ [$_{Pron}$ 他] [$_{v'}$ [v] [$_{VP}$ [$_{DP}$ 老师] [$_{V'}$ [$_V$ 当] [$_{RP}$ 得好]]]]]

第七步，从词汇阵列中提取词汇子阵列 LA：LA$_1$ = {T，C}，生成第二个语段 CP，推送至音系式和逻辑式，之后经百科表获得最终语义解释，推导结束后分别得到（34）~（36）中的三个句子。显然，（27）即是本研究所关注的伪领属结构。

（34）[$_{CP}$ C [$_{TP}$ [$_{Pron}$ 他] 的 [$_{T'}$ T [$_{vP}$ [$_{Pron}$ t$_{他}$] [$_{v'}$ [v] [$_{VP}$ [$_{DP}$ 老师] [$_{V'}$ [$_V$ 当] [$_{RP}$ 得好]]]]]]]]

（35）[$_{CP}$ C [$_{TP}$ [$_{Pron}$ 他] [$_{T'}$ T [$_{vP}$ [$_{Pron}$ t$_{他}$] [$_{v'}$ [$_v$ 当] [$_{VP}$ [$_{DP}$ 老师] [$_{V'}$ [$_V$ 当] [$_{RP}$ 得好]]]]]]]]

（36）[$_{CP}$ C [$_{TP}$ [$_{Pron}$ 他] [$_{T'}$ T [$_{vP}$ [$_{Pron}$ t$_{他}$] [$_{v'}$ [v] [$_{VP}$ [$_{DP}$ 老师] [$_{V'}$ [$_V$ 当] [$_{RP}$ 得好]]]]]]]]

程工等（2015）的灼见之一，就是对"的"的独到见解——"的"不是来自词汇阵列，而是在推导过程中通过特征引入操作插入的。他们（2015：233）指出："准定语句中的'的'字是构形成分，不出现在词汇阵列中，是句法推导完成后，在推送至音系式的过程中通过特征引入操作添加的，属于句法后的操作……准定语结构中'的'字不是句法推导的必需成分，是应汉语合法性要求而在音系式分支添加的。"显然，程工等（2015）的解释方案已经触及句法－音系结构，即韵律问题。

（二）Zhuang（2017）的解释

对于伪定语产生的根本动因，Zhuang（2017）的核心思想是"格匮乏"。他通过观察发现：汉语中有"V－得"的动补结构中，虽然动词 V 在语义上要求宾语，但这一宾语无法出现在该动词之后（无论"得"前还是"得"后）。如（37）、（38）所示：

（37）a. ＊他唱黄梅戏得好。

　　　b. ＊他唱得黄梅戏好。

　　　c. 他唱得好。

（38）a. ＊他唱黄梅戏得我不想写信了。

　　　b. ＊他唱得黄梅戏我不想写信了。

　　　c. ＊他唱得黄梅戏不想写信了。

　　　d. 他唱得我不想写信了。

进而，他提出了"V－得限制宾语现象"：

（39）＊V 得 OR／＊VO 得 R。

如此一来，他就解释了"＊他当老师得好"不能说的原因。至于"V－得"为什么会限制宾语，Zhuang（2017）则不得不提出，"得"吸收了题元角色：

（40）V ＜Agent，Theme＞ → V－得 ＜Agent，Ø＞

虽然宾语不能出现在动词之后，但它可以其他方式出现在动词之前。常见的有以下四类：

（41）他当老师当得好。（"老师"出现在动词拷贝结构中）

（42）老师他当得好。（"老师"出现在话题位置）

（43）他老师当得好。（"老师"出现在焦点位置）

（44）他的老师当得好。（"老师"出现在伪定语中）

显然，（44）即为我们所说的伪定语。为了解释它的推导，Zhuang（2017）引入了韵律。他指出，"的"作为一个黏附成分，本身在韵律上不能独立，而必须依附于毗邻的黏附组，（44）的派生恰恰利用了"的"的这一特点，确保"我"和"老师"分属于不同的黏附组，以尽可能地匹配其句法结构。

对于伪名量的产生动因，Zhuang（2017）更是别出心裁。他认为汉语的期间短语和频率短语可能会占据动词的宾语位置，夺取动词本来指派给其受事宾语的宾格，结果导致该动词的受事宾语无法在其宾语位置实现（realize），而只能隐遁（retreat）；如果该动词的受事宾语必须在其宾语位置实现，期间短语、频率短语等则可以作为量化成分以定语形式贴附在宾语之上，如（45）所示：

（45）a. 张三跑了两个小时。

b. *张三漆（了）房子两个小时。

c. ? 张三漆（了）房子三次。

d. 张三（漆房子）漆了两个小时。

e. 张三（漆房子）漆了三次。

f. 张三漆了两个小时（的）房子。

g. 张三漆了三次房子。

也就是说，由于动词只指派一个格，而这个格又被动量成分夺取，从而导致动词真正的宾语无法在原地（in-situ）实现，如此也就解释了"他当了兵三年"为什么不能说。

Zhuang（2017）的成功之处在于他利用了句法和韵律双重工具来解释伪定语这一难题。其解释看似引人入胜，细究起来却不无问题。先不说其方案有多么复杂，且颇有特设（ad‐hoc）之嫌疑，我们只看该方案所能覆盖现象的有限性。下文主要就"睡觉"来谈Zhuang（2017）的解释力度。

众所周知，"睡觉"实为一个自动词，即"睡觉"本身能完整地表示主语的某种动作，即不需要另外的对象就能完整地表现主语的动作或作用。这就意味着，"觉"的出现无须获得"格"——这也是冯胜利（2013a）称之为空宾语的原因。然而，在"V‐得"动补结构中，它同样无法出现在V的后面，如：

（46）a. 她（的）觉睡得很香。

　　　b. ＊她睡觉得很香。

　　　c. ＊她睡得觉很香。

更有甚者，"睡觉"还有伪名量的表现，如：

（47）a. 她昨天睡了两个小时的觉。

　　　b. ＊她睡了觉两个小时。

　　　c. ＊她睡觉（了）两个小时。

"觉"在句中出现是不需要格的，可为什么会有这样的表现？Zhuang（2017）显然面临着这样或那样的挑战。

第四节　启迪与展望

以往伪定语的研究呈现出从描写到阐释、从静态到动态的趋势，这是对语言现象研究逐步深入的表现，但总体而言，以往的研究呈现出一个重要趋势，那就是单一的句法推导视角（包括认知糅合视角）越来越无力应对不断涌现的材料，而不得不开始借助韵律。

事实上，以往的研究（庄会彬、刘振前，2012；程工等，2015；Zhuang，2017）已经表明，对于汉语伪定语现象的推导，韵律是一个不可忽视的成分；使用句法－韵律匹配思想来解释伪定语成为必然。然而相对而言，这方面的探索尚嫌粗糙，尤其是其句法与韵律理论未能真正做到有机结合，从而给我们再次探讨伪定语问题留下了足够的空间。

第三章　理论框架

　　本研究的理论框架是韵律语法理论，这是句法（Chomsky，1957，1981，1995）与音系（Chomsky & Halle，1968；Selkirk，1980a，1980b，1984，1986；Nespor & Vogel，1983，1986；Nespor，1993）的最新发展和交汇。故而，本研究的理论框架是一个接口理论。我们知道，经典语法理论对语言的研究通常是在句法、音系、词法、语义、语用等单一模块内进行的，而较少关注两个模块之间的接口问题。然而，20世纪80年代以来，接口理论越来越受到学者们的重视，如 Selkirk（1984）、Elordieta（1997）有关句法 - 音系接口的研究，Baker（1988）、Ackema（1999）、Li（2005）等有关词法 - 句法接口的研究，Inkelas & Zec（1990）等有关音系 - 词法接口的研究，Van Valin（2005）等有关句法 - 语义接口的研究，Koenig（1994）、Potts（2005）有关语义 - 语用接口的研究，Y. Huang（1994）等有关句法 - 语用接口的研究，Avrutin（1999）、Erteschik - Shir（2007）等有关句法 - 语篇接口的研究，Casielles - Suarez（2004）等有关句法 - 信息结构接口的研究。事实上，接口早在 Chomsky（1995）的研究中已有所呈现。按照 Chomsky 的设想，句法结构会投射到韵律层面，句法结构作为句子韵律译读的输入材料。如（1）所示：

（1）
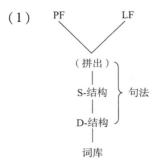

Chomsky（1995：168）认为，句子从词库出来后会在 PF 与 LF 两个诠释层面上得到诠释，这两个诠释层面又分别为语法与发音 – 知觉系统（articulatory – perceptual system）以及语法与概念 – 意向系统（conceptual – intentional system）的接口。本书所依据的韵律语法理论（冯胜利，2000a，2013a）框架正是针对语法与发音 – 知觉系统的接口而提出的。

本章分三节内容，第一节讨论韵律以及韵律层级；第二节展示韵律语法的一个重要议题——结构与核心；第三节在第二节的基础上讨论汉语的核心重音问题。

第一节　韵律及韵律层级

一　认识韵律

本书所谈的"韵律"不是诸如元音、辅音等语音现象，而是一种广义的"语音"——关注"节律"（rhythm）、"声律"（metrics）、"重音"（stress）、"轻重"（strong – weak）等现象，即语言的超音段语音现象。

学界对韵律的关注看似开始不久，但实际上千百年来韵律一直受到学者们的关注。早在一千五百多年前，沈约（441～513）就说过："欲使宫羽相变，低昂舛节；若前有浮声，则后须切响，一简之内，音韵尽殊，两句之中，轻重悉异。"（《宋书·谢灵运传论》）唐代的孔颖达（574～648）如是解释《诗经·邵南》的"羔羊之皮"："兼言羊者，以羔亦是羊，故连言以协句。"沈约的"前有浮声，则后须切响"，孔颖达的"协句"，谈的都是韵律问题。

韵律的作用不容小觑。冯胜利（2013a：2～5）曾总结了以下六点：

第一，韵律可以破坏句法，亦即打乱原有的成分结构。

第二，韵律可以征服句法，使非法变成合法。

第三，韵律可以制约句法，使合法变成非法。

第四，韵律可以"硬用"句法，在句法不能运作的禁区，迫使句法发生效力。

第五，韵律可以改变句法，或使原来的词序发生位置上的变化或使原来的句法成分发生性质上的演变。

第六，韵律可以引进句法，激发语言增加新的句法形式。

因此，开展韵律研究相当于关注语言研究的一个极其重要的维度。那么，该如何开展韵律研究呢？这需要我们先了解韵律层级。

二 韵律层级

根据韵律研究的理论，韵律层级如（2）所示（Selkirk，1980a，1980b，1984；McCarthy & Prince，1993；Nespor & Vogel，2007 等）：

（2）韵律层级（Prosodic Hierarchy）

话语（Utterance）
|

语调短语（Intonational Phrase）
|
韵律短语（Prosodic Phrase）
|
黏附组（Clitic Group）
|
韵律词（PrWd）
|
音步（Foot）
|
音节（Syllable）
|
韵素（Mora）

根据 Selkirk（1984）、Hayes（1989），音系结构中存在韵律层级，即话语（Utterance，简写为 U）、语调短语（Intonational Phrase，简写为 I）、韵律短语（Prosodic Phrase，简写为 Φ）、黏附组（Clitic Group，简写为 C）、韵律词（Prosodic Word，简写为 ω），上一层级严格包含下一层级。下面来逐一介绍。

（一）音节

音节是人类听觉所能感受到的最自然的语音单位，通常由一个或几个音素按一定规律组合而成。一般说来，一个典型的音节包括三个部分：节首（onset）、节核（nucleus）和节尾（coda）。其中，节核通常由元音构成，而节首和节尾由辅音构成。如（3）所示：

（3）音节结构

对音节音步的语言而言，通常两个音节会构成一个音步，我们称之为双音节音步（disyllabic foot），如汉语的"喜欢"：

（4）双音节音步

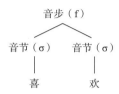

（二）音步

根据 Nespor & Vogel（2007），音步作为一个重要的韵律概念，指的是介于音节与（韵律）词之间的层级，也就是说，音节并不直接组合成词，而要首先组成音步，而后组成词。

"在韵律构词学中，最小的、能够自由运用的韵律单位是'音步'"（冯胜利，1996a：162）。

汉语最基本的音步是两个音节（标准音步），单音节音步是"蜕化音步"，三音节音步是"超音步"。蜕化音步与超音步的出现是有条件的。超音步的实现条件是：在一个语串中，标准音步的运作完成以后，如果还有剩余的单音节称谓，那么这个/些单音节成分就要贴附在一个相邻的双音步上，构成三音步。蜕化音步一般只能出现在以单音节词为独立语段的环境中①，不满一个音步的单音词或者单音语素要成为韵律词，就得再加上一个音节，其手段有重叠（如"天天"）、延长（如"寻么"）、感叹（如"天哪"）、凑补（如"老虎"）、略语（如"北大"）、复合（如"水井"）。

音步概念与轻重息息相关（Liberman & Prince，1977；Halle &

_____

① 但它可以通过停顿或者拉长该音节的元音等手段来满足一个音步。

Vergnaud，1978；Kiparsky，1979；Selkirk，1980b；Hayes，1980，1995），这就意味着：一个音步必须至少含有两个成分，两个成分必须有轻重之别。然而，需要强调的是音步的两个成分因语言不同而有所不同，可能是韵素（mora），也可能是音节（syllable）（Prince，1990；Hayes，1995），如（5）所示：

（三）韵素

韵素，又称莫拉，指音节韵母中所包含的最小的韵律成分，是最小的韵律单位。通常说来，韵素只计算韵母的组成成分（声化韵的情况较为特殊），如英语单词"dig"中含有两个韵素，"i"与"g"。

一个音节中可能含有一个或多个韵素。在韵素音步的语言中，通常由两个韵素构成一个音步，我们称之为双韵素音步（bimoraic foot），如（6）所示：

（6）**双韵素音步**

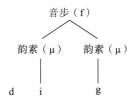

对音节音步的语言（如汉语）而言，一个音节中韵素的多少对音步的构成没有意义。

（四）韵律词

"韵律词"是从韵律的角度来定义的，指"最小的能够自由运用的语言单位"。韵律中的"语言单位"是"韵律单位"，韵律词以语言中的韵律单位为基础。

"韵律词"的定义通过韵律构词学中的单位"音步"来确定。既然汉语的"音步"是通过比它小的单位"音节"来确定的，因此，汉语中一个标准的韵律词应该有两个音节，如（7）所示：

（7）汉语韵律词

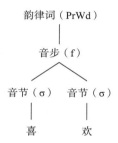

韵律词至少是一个音步。汉语的韵律词由一个独立的音步组成，该音步中的所有音节皆归属于该音步，且该音步的起点也精确地与该韵律词的左界相对齐（冯胜利，2002b：516，2005：121）。

McCarthy & Prince（1998：229）指出，"在一般的节律限定条件下，任何一种不区分音节重量的语言里，最和谐的韵律词是由两个音节（的长度）组成"。可见，汉语的韵律词是一个最小词。

（五）黏附组

黏附组是位于韵律词之上的一个韵律单位。一个完整的黏附组通常包含两个成分：黏附成分（clitic）与作为宿主的词汇词（lexical word）。何谓黏附成分？根据Spencer（1991：350）的定义，"黏附成分具有实词（fully fledged word）的性质，但是不能独立应用，必须依赖于一个语音寄主（phonological host）才能出现"。

一个完整的黏附组通常包含两个成分，但这并不意味着黏附成分是必须的。因为如果在没有黏附成分的情况下，一个词汇词也可以独立构成黏附组。是以，Hayes（1989：208）对黏附组的定义如（8）所示：

（8）黏附组的形成

    a. 实词（content word / lexical category）自成独立黏附组；

    b. 定义：黏附组的核心（host）为其所含的实词；

    c. 定义：倘若 C 统制（c‐dominate）X 与 Y，则 X 与 Y 在 C 中共享范畴成员（category member‐ship）；

    d. 规则：黏附词（clitic word）左向或右向并入一毗邻的黏附组，所选择并入黏附组的核心与该黏附词共享范畴成员数目较多。

另外，很多黏附成分有其固定的方向，如王茂林（2005）指出，语气词"啊""呀""吧"以及助词"的"等黏附成分，在音系结构中需要前附。

（六）音系短语

音系短语（phonological phrase），又称韵律短语，它在韵律结构中处于韵律词或黏附组之上，是韵律层级结构中的一个假想层次，通常由一个或多个韵律词或黏附组组成。目前，对韵律短语尚没有明确的定义，但在言语知觉过程中，这种韵律单元往往对应于人的感知组块，人的听觉对其有着较高的敏感性。这一点，我们可以通过例（9）（Selkirk，1984；Hayes，1989）来体会：

   （9）On Tuesdays，he gives the Chinese dishes.

      读法 A：On Tuesdays，he gives the dishes to the Chinese.

      读法 B：On Tuesdays，he gives the Chinese dishes to some-

      one.

根据 Selkirk（1984）、Hayes（1989），（9）中两种读法的音系结构应该分别如（10）、（11）所示（Hayes，1989）：

（10）

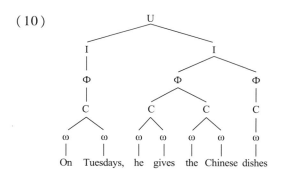

（11）

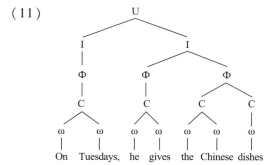

（七）语调短语

语调短语是语调结构的音系单位，即应用某个单一调型的最长言语片段。语调短语常和句法上的短句或分句相对应，但其切分常常会受到语义、语用等信息的影响。另外有些类型的结构可以自己构成语调短语，如插入语、呼语、话题等。英文的情况如（10）、（11）所示，（12）则展示了汉语的情况：

（12）这场火，幸亏消防队员来得早。

冯胜利（2017）指出，"这场火"后面有一个明显的停顿，因此"这场火"可以看作一个"语调短语"，也就是说，一个（短语）语调（intonation）决定一个语调短语。冯胜利（2017）给出的定义如（13）所示：

（13）语调短语

在句子（CP）层面，由延宕语音特征构成的待续调所标记的韵律单位是语调短语。一个句子可以有一个以上语调短语，根据句法结构和信息结构的不同而不同。

（八）话语

话语是韵律层级中最大的单位，它包含一个或多个语调短语，是音系规则应用的最大跨度。根据最新的研究（冯胜利，2017），话语与句调（sentential intonation）有直接关系，因此话语又可以称作"句调短语"，如下定义：

（14）句调短语

在句子（CP）层面，由停断语音特征构成的止句调所标记的并与核心重音重合（match）的语调短语，是句调短语。

另外，一个句调可以包含多个小句（如流水句），这就是话语能把两个或更多的句子并入一个更高层面的语句的原因。如例（15）（Chao，1968：57）所示：

（15）他不来。我不去。

第二节　核心重音

前面说到，韵律研究所关注的是"节律"（rhythm）、"声律"（metrics）、"重音"（stress）、"轻重"（strong - weak）等现象。这些现象是如何影响句法的呢？这其中，最关键的就是重音问题。当然，这里所说的重音不是一般意义上的重音，而是核心重音（nuclear stress）。要了解这一概念，我们要从结构说起。

一　结构与核心

语言是一个系统，也是一个结构。说语言是一个系统，是因为它在构架中是由各种模块通过一定关系组织而成的。细而观之，一种语言中通常会有语音系统、语法系统、语义系统。其中，语音系统又包含音段系统和超音段系统；音段系统内部可能又有元音系统和辅音系统，如此等等。也就是说，语言作为一个整体系统，其内部通常会存在不同层级的亚系统。而说语言是一个结构，则是承认其系统性的必然。既然语言成其系统，那系统之内必然存在结构，譬如，"careful""books"体现形态结构（morphological structure），"John likes Mary."体现句法结构（sentence/syntactic structure）、"John is a teacher. He likes his job."体现语篇结构（textual/discourse structure）。此外，语言内部还涉及语义结构、论元结构、信息结构等。

结构有一个与生俱来的特点，那就是其双分支性。根据冯胜利（2016a：159~160），结构的双分支性可以从一个更初始的概念和公理中推演出来，这就是"结构的核心原理"（The Headedness Axiom, HA）的模式。表述如（16）：

（16）**结构的核心原理**

任何一个结构均有且只有一个核心。［Any（linguistic）structure must consist of one and only one head］

在"结构的核心原理"定义的语法系统里，任何一个结构，无论简单的还是复杂的，均须包含一个核心。这是所有"结构"的自然属性。据此，可以推导出"核心定理"（Headedness Theorem）：

（17）**核心定理**

在一个自足的体系中，不存在没有核心的结构。（No headless structure is possibly formed in a well-defined system）

上述原理及其定理的运作与效应是非常直接、简单的：任何领域的结构（音系、构词、句法等）中，双分支的要求是一个逻辑的必然（corollary），为什么呢？因为如果"任何一个结构均至少有一个核心"（结构的核心公理的要求），那么任何结构就必然相应地伴随着一个非核心。原因很简单，没有非核心，就没有核心。核心是以非核心为前提而发生和存在的。换言之，核心的出现必然伴随着非核心的存在，二者相互依赖，缺一不可，于是任何结构的基础形式都必然由"核心＋非核心"两个要素（和成分）组成，抽象一点地说，就是"一个结构必然是双成分的最小组合体"。结构的双分支概念便可由此推导而出。

结构核心律在韵律的音系学、构词学、句法学、文体学中，都发挥其作用，具体如下：

a. 音系学，音节单位、音步、韵律附着、音系短语等单位；

b. 构词学，词干、词缀、合成词等单位；

c. 句法学，V′、VP、IP、DP、AP、CP 等单位；

d. 文体学，诗行、诗联、诗段、绝句、律诗等单位。

本书主要涉及的是韵律结构问题，包括话语、语调短语、音系短语、黏附组、韵律词、音步、音节、韵素等，这就意味着在音系结构的各个层面都有一个"核心"。

这个核心如何判定呢？要做到这一点，就必须借助 Liberman（1975）发明的"相对凸显理论"（Liberman & Prince，1977：316；Prince，1983：23）。以下译文引自冯胜利（2016a：119）：

（18）**相对凸显理论**

相对凸显映射规则（Relative Prominence Projection Rule）：任何一个被界定强弱关系的单位，标记强的下属单位的终端成分，在节律上比标记弱的下属单位的终端成分强。

换言之，一个"较强"的成分必须有一个"较弱"的形式与之为伴。这一理论看似简单，在韵律语法史上却有划时代的意义。著名韵律语法学家 Hayes（1995：2）对其给以高度评价：

Liberman（1975）和 Liberman & Prince（1977）论证的节律重音的中心思想即重音节律结构的语言学表现……它为话语在音系学和声学上的实现提供了一个组织构架。

二 核心重音理论

核心重音（nuclear stress）也被称为宽焦点重音（wide focus stress），是相对凸显在韵律结构上的一种自然语音实现。既然是自然实现，它必然不同于对比重音（contrastive stress）、强调重音（emphatic stress）、结构焦点重音（structural focal stress）等。

那么，我们该如何判断核心重音所在？根据冯胜利（2013a：63），判断核心重音的一个直接方法就是看它们对应的问答形式，那么用来回答"怎么回事/发生了什么？（What happened?）"的句子，体现的就是核心重音；如若不然，则不是核心重音。现对比（19）和（20）：

（19）——怎么回事/发生了什么？

——张三打碎了**盘子**。

——＊**张三**打碎了盘子。

——＊张三**打碎**了盘子。

（20）a. ——谁打碎了盘子？

——**张三**打碎了盘子。

b. ——张三洗了盘子？

——不，张三**打碎**了盘子。

c. ——张三打碎了杯子？

——不，张三打碎了**盘子**。

很显然，核心重音通常会出现在句末位置，因此在传统语言研究里，它曾被概括为"尾重原则"（principle of end weight），即"最后的最重"（Quirk et al.，1972：943）。然而，所谓的"尾重"或者句末位置，仅仅是根据句子的线性顺序观察所得出的一个笼统说法，并非一个层次、结构上的概念。① 真正把核心重音概念上升到理论层面，是从 Chomsky & Halle（1968）开始的。

Chomsky & Halle（1968）提出，英语的核心重音规则是将重音指派给最右侧的词汇范畴，其规则表述为：

（21）**核心重音规则**（Chomsky & Halle，1968）

重音指派到主要成分的最右边的可承重元音之上。（Stress is assigned to the rightmost stressable vowel in a major constituent）

之后，Liberman & Prince（1977）在 Chomsky & Halle（1968）的基础上，借助相对凸显的思想，提出了相对轻重的核心重音规则，其定义为：

（22）**核心重音规则**（Liberman & Prince，1977）

任一对姊妹结点［N1 N2］，若［N1 N2］$_P$ 中 P 为短语，那么 N2 较重。

Liberman & Prince（1977）的最大突破是把 Chomsky & Halle（1968）的核心重音规则与凸显的相对属性对接起来：相对凸显需要结构来保证。

然而，具体到应用上，不同语言（特定结构）中核心重音的实现却呈现出一定的差异：如在西班牙语类的语言中，核心重音总是落在语调短语的右边界；而在德语和英语中，核心重音的指派则存在一定的可变性。这一现象不仅见于"主语 - 动词"的不及物结构

---

① 事实上，尾重原则不光在理论上站不住脚，在实践中也遭遇了诸多反例。因为并非所有的语言都是句尾焦点，如朝鲜语等许多 SOV 型语言中，紧跟在句末动词前的成分是自然焦点，亦即核心重音所在；匈牙利语也是如此。

里（a dog's barking vs. un perro está ladrando），也出现于不定式关系从句中；试比较英语例句 there are problems to solve/there are problems to compute（Bolinger，1972）和对应的西班牙语例句 Hay problemas que resolver/ Hay problemas que computarizar。如（23）所示，动词居末的日耳曼语面临的一个直接挑战就是：其核心重音没有落在最后一个成分（即动词）上，而是分别落在直接宾语和介词短语的补述语上。

（23）a. Hans hat［［ein［Buch］］gelesen］.

Hans has a book read.

'Hans has read a book.'

b. Peter hat［［an［einem［Papier］］］gearbeitet］.

Peter has on a paper worked.

'Peter has worked on a paper.'

为了解决这类问题，有些学者引入了句法结构直接计算核心重音，如 Cinque（1993）、Kahnemuyipour（2004，2009）、Reinhart（2006）。以 Cinque（1993）的"深重原则"（depth stress principle）为例：

（24）**深重原则**（Cinque，1993）

结构内嵌最深（most embedded）的成分得到重音。

有些学者则支持根据节律解释过的句法结构计算核心重音，即认为句法结构的特定成分在节律上可能是隐形的，如 Halle & Vergnaud（1987）、Zubizarreta（1998）、Zubizarreta & Vergnaud（2007）、Nava & Zubizarreta（2010）、Zubizarreta & Nava（2011）。这方面的努

力尤以 Zubizarreta（1998）为代表。

以 Halle & Vergnaud（1987）为基础，Zubizarreta（1998）提出了一个根据（抽象）句法结构运算核心重音的体系，该体系可以忽略某些句法成分，尤其是功能范畴。功能范畴节律的显隐特征既可解释语言内部核心重音的指派差异，也可解释该方面的跨语言差异，如日耳曼语和罗曼语之间的不同。Zubizarreta（1998）的经典"选择原则"（selectionally – based NSR）如（25）所示：[①]

（25）**选择原则**（ Zubizarreta，1998）

给定两个姊妹结点 Ci 和 Cj，若 Ci 和 Cj 为选择次序（selectionally ordered），那么较低的一个则较凸显（the one lower in the selectional ordering is more prominent）。

然而，具体到汉语中，情况又有所不同，如：

（26）a. 把字句：＊把工厂关 VS. 把工厂关闭

　　　b. 被字句：＊经常被老师批 VS. 经常被老师批评
（比较：经常被批）

　　　c. 动补＋NP：＊打牢固基础 VS. 打牢基础（比较：
把基础打牢固）

　　　d. 动宾＋PP：＊挂衣服在了墙上 VS. 挂在了墙上
（比较：把衣服挂在了墙上）

　　　e. 动宾＋NP：＊收徒弟北师大 VS. 收徒北师大

这就涉及汉语的核心重音指派问题。

---

① 两者看似差别很大，但细究起来就会发现，Zubizarreta 只不过用 Richard Kayne（1994）的
"不对称成分制控"（asymmetric c – commend）代替了 Cinque 的"深重"说而已。

第三节　汉语的核心重音

一　汉语核心重音规则的建立

谈到汉语的核心重音，当首推 Feng（1995）的拓荒性研究。Feng（1995）根据汉语的韵律句法现象提出核心重音在树形嫁接语法（tree adjoining grammar，TAG）的基干树形上（elementary tress = 动词的投射）实现了重音的运作机制：

（27）**汉语的核心重音规则**（Feng，1995：48）
'［s］'特征必须指派给基干树形结构的最后成分。

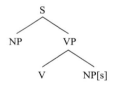

相对凸显原则将保证"NP［s］"节点的姊妹节点"V"获得［w］的特征。于是，一个完整的核心重音指派过程及其结果如（28）所示：

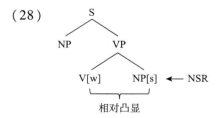

后来，Feng（2003）又在 Zubizarreta 的基础上，尝试用管辖理

论来表述汉语的核心重音，我们称之为"管辖式核心重音"（government－based，NSR），具体规则如（29）：

（29）**管辖式核心重音**（Feng，2003）

给定两个姊妹结点 C1 和 C2，若 C1 和 C2 为选择次序，那么处于较低选择位置且受管辖者较为凸显。

有了核心重音，汉语中的许多特殊现象都可以做出解释。譬如：

（30）a. 动补＋NP：＊打牢固基础 VS. 打牢基础（比较：把基础打牢固）

b. 动宾＋PP：＊挂衣服在了墙上 VS. 挂在了墙上（比较：把衣服挂在了墙上）

c. 动宾＋NP：＊收徒弟北师大 VS. 收徒北师大

汉语的核心重音是在管辖规则下实现的。"管辖"的本质是要确定一种区域性（locality）的结构关系，从而保证管辖者和被管辖者之间的"姊妹"关系。简言之，动词给其直接管辖的成分指派重音，也就是说，例（30）不能被接受的原因是其动词只能给其后相邻的成分指派重音，而最后的成分却无法被顺利指派核心重音。

说到这里，我们不得不了解一下**管辖**（government）这一概念，其在传统上指的是某些特定的句法结构中，一些单词被另一些单词所控制的关系，以 give him 和 to him 为例，其中 give 和 to 就是**管辖语**（governor），him 在两句中都是受管辖的对象。生成语法继承了这一概念，但其定义更加严谨。

为掌握管辖关系的概念，我们先看 **c－指令**（c－command）的定义：

（31）**c-指令**

当且仅当统制 α 的第一个节点也统制 β，且 α 不统制 β，这时 α c-指令 β。

Radford（1997：75）做了这样一个形象的比喻：树形图上的不同节点代表火车站，你从 X 站（树形图上的任意一个节点）乘车出发向北（树形图上为北），只允许坐一站就得换车南行，凡是南行火车可以直达的站（除了 X 站），都被 X c-指令。

现在，我们来看（32）中哪些成分受到 D 的 c-指令：

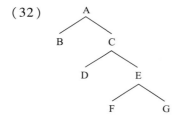

（32）中统制 D 的第一个节点是 C，那么根据定义，其他凡是受到 C 统制的节点都要受到 D 的 c-指令。我们看到，C 统制的节点为 E、F、G（A、B 不受 C 统制），所以说，D c-指令 E、F、G。

再看（33）的结构图（Ouhalla，1999：156）：

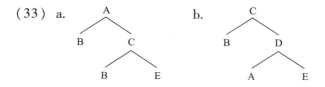

（33）a 中，A c-指令 B，统制 A 的第一个节点 C 也统制 B，而

且，A 不统制 B。然而，（33）b 中，A 不 c - 指令 B，因为统制 A 的第一个节点 D 不统制 B。

有了 c - 指令这一定义，我们看它能否表明短语 give him 和 to him 内的管辖关系：

（34） a.   b.

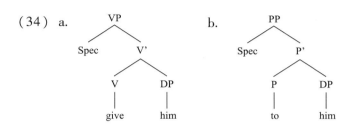

首先，管辖的定义将管辖语（即 α）限制在 X^0（即中心语）范畴，这样 V 和 P 都符合条件，（34）a 中 V 管辖 DP，因为 V 是中心语，而且 V c - 指令 DP。（34）b 中 P 与 DP 的关系也是如此。

我们再来看一个比较复杂的结构：

（35） a. For Bill to arrive early is impolite.

b. [$_{CP}$ [$_{C'}$ for [$_{IP}$ him [$_{I'}$ to [$_{VP}$ arrive early]]]]] is impolite

c.

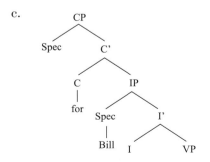

在这里，for 能否管辖 Bill 呢？我们看到，介词标句语 for 是一个

中心语范畴，forc - 指令 DP，所以 for 管辖处在 Spec，IP 的 DP，即 Bill。

那是不是说，只要 α 为 X^0 范畴，且 α c - 指令 β 时，α 就管辖 β 呢？这样，结构（36）中，V 就能够管辖 DP。

（36）
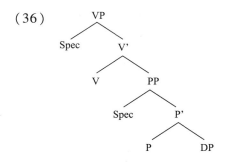

根据管辖的定义，在（36）中，V 能够管辖 DP。如果结构再复杂一点又会如何？这样一来，管辖范围岂不是将大得失去控制？

事实并不是这样。因为还有一个条件剔除了 V 管辖 DP 的可能，这一条件被称为**最小限度条件**（minimality），其定义如下：

（37）**最小限度条件**

在结构 ［XP … X … ［YP … Y … ZP］…］中，X 不管辖 ZP。

把这一条件纳入管辖的定义便得到：

（38）**管辖**

当且仅当 α 是一个 X^0 范畴，α c - 指令 β，且遵循最小限度条件，这时，α 管辖 β。

然而，研究并没有到此结束，Chomsky（1986b）又采纳 Aoun & Sportiche（1983）的建议，对管辖的定义进行了修正，以 m－指令（m－command）代替 c－指令，重新定义了管辖关系。m－指令涉及最大投射，其概念为：

（39）**m－指令**

当且仅当 α 不统制 β，β 也不统制 α，且统制 α 的第一个最大投射也统制 β，这时，α m－指令 β。

如果引入 m－指令，管辖定义则改写如下：

（40）**管辖**

当且仅当 α 为 X^0 范畴，α m－指令 β，且最小限度条件得到遵循，这时，α 管辖 β。

需要特别指出的是，Feng（1995，2003）、冯胜利〔2013b〕所依据的管辖版本应该是基于 m－指令版本的管辖定义。

二　韵律隐形成分

事实上，代词的这一特点曾向当代句法理论提出无数挑战，如（41）中的句子是可接受的，（42）中的句子是不可接受的：

（41）a. 小王看见　　他／那个人　　三次。

　　　b. 朋友给了　　他／那个人　　五本书

（42）a. 动宾＋FP：＊小王看见　　三个人　　三次。

　　　b. 动宾＋O：＊＊小王给了　　三个人　　五本书。

这种对立，对句法理论而言，几乎是无解的；然而，从韵律的角度来看这个问题，则显得不是那么棘手。冯胜利（2013a：49～53）曾指出，在人类语言的整个词汇系统中，存在一批"从来就弱"的词汇形式。它们之所以弱是由其自身的语义及语法性质决定的。这类词包括以下七类。

1. 体态助词。如"了""着""过"。

2. 助动词。如"能""得（dei）""可以""肯""要"等，一般都不接受重音。

3. 否定词。如"不""没有"，一般都不重读。

4. 指代成分。如"他""你""这个""那些"等。代词一般不接受重音，除非是对比强调。

5. 句法空位。

6. 介词。如"跟""对""在"等一般不重读。

7. 定指成分。代词都是定指成分，然而定指成分不一定都是代词，譬如"这本书""那个人"等都属于定指成分。定指成分的共同特征是：它们都是已知的旧信息，因此在句中都不是重读的目标。

以上七类词在韵律语法中，被称作"隐形成分"。所谓"隐形"，是指它们有形（语音形式）但不（能）负载重音。隐形成分在韵律上具有如下共同特征。

第一，它们往往不受语言中"最小限度"（minimal length requirement）的制约。

第二，它们一般都不携带重音。

第三，它们在汉语中有的表现为轻声（句法空位除外）。

第四，它们经常贴附于相邻的"词汇词"（相对"功能词"而言）之上。

Feng（1995，2003）、冯胜利（2013b）指出，这类"从来就弱"的词汇形式在韵律上是"隐形"（invisible）的，在计算核心重音的指派时要根据"结构删除"（structure – removing）后的直接管辖关系而定。结构删除的定义如下：

（43）**结构删除条件**

应用核心重音规则时，删除所有韵律隐形成分（及其句法分支）。

有了这一原则，（41）和（42）的对立仍然可以得到很自然的解释。（41）之所以成立，是因为两个成分中的一个是韵律的"隐形成分"，亦即动词后的第一个名词是代词或有定成分，可以轻读，经过结构删除后，重音就可以落到最后的名词上。如（44）所示：

（44）a. 结构删除前：

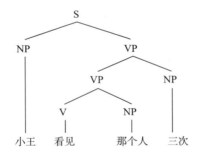

b. 结构删除后（Feng，1995：79）：

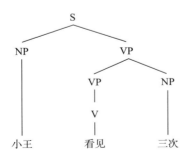

而（42）中动词后存在的两个成分都不能隐形，显然与核心重音指派规则相悖，于是（42）被判为非法。

说到这里，我们不能不提到马建忠的观察。他在《马氏文通》（马建忠，1898/1998）里谈道：

> 凡外动字之转词，记其行之所赖用者，则介以"以"字。置先动字者，常也。……《孟子·尽上》："柳下惠不以三公易其介"……诸句，其转词皆介"以"字。《孟子·尽上》："附之以韩魏之家"……诸句，转词介以"以"字置于止词之后者，盖止词概为代字，而转词又皆长于止词，句意未绝耳。

众所周知，先秦汉语中的"以"字介宾结构既可以用在动词之前，也可以用在动宾之后，如"以羊易之"和"易之以羊"（《孟子·梁惠王》）。可二者区别在哪里呢？马建忠在这里指出，"以"字介宾结构出现在止词（动词宾语）之后的条件是止词为代词，而且转词还得长于止词。这一观察恰恰揭示了汉语韵律语法中的两个重要原则。一个是汉语的句子不容"头重脚轻"（冯胜利，2013a）；另一个是代词在韵律上被视作隐形成分。

三 韵律冲突与韵律整饬

我们知道，句子是依靠句法生成的，而后经过拼出（spell-out）形成语音形式。因此，一个句子最终能够顺利成音，不仅要受句法规则的制约，还要通过句法和音系这一接口。如果句法和音系产生了冲突，也即发生了"韵律冲突"（prosodic conflict）。那么，什么是韵律冲突呢？

根据冯胜利（2013a：69～70），韵律冲突指韵律规则之间的相互矛盾，最典型的就是"核心重音"跟"分支重音"的互不协调。

譬如，就一个 VP 结构来说，根据普通重音指派规律，我们必然得到如下重音结构，其中"［W］"代表"轻"（weak），"［S］"代表"重"（strong）：

（45）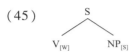

也就是说，只有 NP 重于 V，V 才能顺利地把核心重音指派给 NP。反之，则不然，如（46）所示：

（46）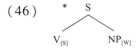

冯胜利（2013a：71）把这种韵律冲突表述为：

（47）**韵律冲突**

　　树形结构中 α 与 β 两个姊妹节点，如规则 X 需［α β］为轻重，而规则 Y 却使之为重轻，则两不能成，［α β］必被删除。

也就是说，**核心重音必须恰当地指派给恰当的成分**，否则该句就不能成立。问题是如何判断核心重音指派恰当与否呢？根据（45），我们得出以下三条规则。

　　第一，获得核心重音的成分不得是韵律隐形成分。至于什么是韵律隐形成分，上文已经有所探讨，这里不再赘述。

　　第二，获得核心重音的成分须得重于指派核心重音的成分。至于如何判定两个成分的轻重，根据冯胜利（2013a）的观察，以及 Lu & Duanmu（1991，2002）的观点，汉语主要看音节多少，通常说来，双音节的词要重于单音节的词。这就解释了"＊种植树""＊阅读书""＊选择课"不能说的原因。

第三，对汉语而言，重音范域内最末的两个成分〔α β〕，在核心重音指派完成后只能是"轻重"，而不能是"重轻"。

当然，虽然韵律冲突会导致删除，但在现实语言使用中也不无补救手段。这类手段统称为"韵律整饬"（prosodic regulation）。根据冯胜利（2013a：75），韵律整饬有以下原则：

（48）**韵律整饬原则**
　　如果 α 与 β 两个姊妹节在韵律的规则系统中相互抵触，那么这两个节点必须加以整饬才能存在。

关于具体整饬的手段，冯胜利（2013a：74～78）给出了以下几种。

1. 复制。例如：

（49）＊打电话三次→〔打电话〕打三次。

显然，"打电话三次"中"打"后面有两个不可轻读的成分，利用复制操作变成"打电话打三次"则没有问题。这一操作恰恰是韵律整饬的结果。

2. 删除。例如：

（50）a. ＊种植树→种树/植树
　　　b. ＊阅读书→读书
　　　c. ＊选择课→选课

由于"＊阅读书"造成了韵律冲突而不能说，于是用删除（动词一个音节）的办法将非法的韵律结构整饬为可以接受的结果。

3. 附加。例如：

（51） a. ＊种植树→种植树木

b. ＊阅读书→阅读书报

c. ＊选择课→选择课程

也就是说，（51）不仅可以通过删除韵律冲突来调和，也可以通过"附加"来调和。

4. 移位。例如：

（52） a. 电话_复制，他打了＿＿＿＿_删除三次。

b. 中文_复制，他学了＿＿＿＿_删除三年。

在句法学上，这种移位叫作"话题化"（topicalization，亦译成"主题化"）。在韵律语法中，这种操作是一种韵律整饬手段，其目的是缓解韵律上的冲突。

5. 贴附（cliticization）与并入（incorproation）。例如：

（53） a. 我把书放在了桌子上。

b. ＊我把书放了在桌子上。

（54） a. 他把衣服挂在了墙上。

b. ＊他把衣服挂了在墙上。

（55） a. 汽车开到了北京。

b. ＊汽车开了到北京。

以上三例表明，现代汉语的［V＋PP］结构要想成立，其中的

[V + P] 必须看作一种词汇形式，文献中将其称作句法词（冯胜利，2001b；庄会彬，2015），这实际上是一种韵律整饬的需要。

6. 变形。例如：

（56）a. *他学了中文三年→他学了三年的中文。

　　　b. *他剥了皮橘子→他把橘子剥了皮。

　　　c. *他剥了皮橘子→橘子被他剥了皮。

所谓"变形"就是变化句子的形式来"挽救"韵律冲突。这里最需要关注的是，有时候，变形可能会生成伪定语结构，如（56）a中的"三年的中文"，就是一个伪定语——其中，"的"不是所有格的"的"，而只是一种格位标志。从语义上说，"三年的中文"难以成立。句法上虽无非法可言，但也没有必须如此的理由。根据冯胜利（2013a）的观点，我们认为，"学了三年的中文"这种格式是为了避免韵律冲突而出现的。下一章将继续讨论这一问题。

本章小结

本章首先讨论了韵律语法的结构基础，这从根本上而言是结构与核心的问题。一方面，结构中必然存在核心；另一方面，核心在结构上实现，是通过相对凸显完成的。正是因为相对凸显原则的提出，"核心重音"这一重要的概念方得以提出。

核心重音规则的表现，在不同的语言中可能有所不同，如英文的核心重音用"深重原则"（Cinque，1993），德语的核心重音用"选择原则"（Zubizarreta，1998），汉语的核心重音则是"管辖式核心重音"（Feng，1995，2003）。这些都是参数不同所导致的。

第四章　伪名量现象之韵律句法解释

根据以往的研究（黄正德，2008），伪定语可分为两类予以讨论，即伪领属与伪名量。本章仅讨论伪名量。又据黄正德（2008），汉语的伪名量包括两类：一类是期间短语，一类是频率短语。本章先一概讨论，之后待具体论及"的"的有无问题时，再分而论之。

本章分四节内容，第一节讨论伪名量产生的韵律动因——核心重音；第二节讨论韵律隐形成分所致的对立；第三节就"的"的性质进行探讨；第四节讨论离合词所形成的伪名量。

第一节　核心重音规则——伪名量
产生的韵律动因

伪名量形成的韵律动因问题，冯胜利早已有所谈及。如（1）所示（冯胜利，2013a：77）：

（1）＊他学了中文三年→他学了三年的中文

针对（1）涉及的伪名量现象，冯胜利指出（冯胜利，2013a：77）：

显然，"三年的中文"中的"的"不是所有格的"的"，而只能当作一种格位标志。从语义上说，"三年的中文"无义可讲。句法上虽无非法可言，但也没有何以必须如此的理由。显然，"学了三年的中文"是为了挽救"学了中文三年"这种非法形式而发展出来一种句法格式。如果说"学了中文三年"之所以不合法是韵律冲突造成的话，那么"学了三年的中文"这种格式的建立，便可以说是为了避免韵律冲突而出现的格式。

这里有几个问题需要细而述之。

第一，为什么说"＊他学了中文三年"不合法？

第二，"学了三年的中文"具体是什么造成的？

第一个问题涉及核心重音的指派问题。第三章已经指出，汉语的一个动词只能指派一个核心重音，且重音指派者（NS - assigner）必须管辖核心重音承载者（NS - assignee）。如（2）所示：

（2）

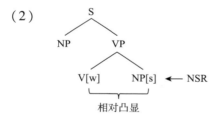

然而，"＊他学了中文三年"中，动词后面有两个不可轻读的成分，而核心重音只能指派一次，如（3）所示：

（3）

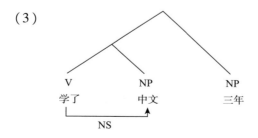

　　这就意味着核心重音指派完成后，在句末仍衍余一个不能轻读的成分。这使汉语母语者脑中的计算系统（computational system）无法对它进行韵律加工（process）。

　　可是，为什么"＊他学了中文三年"变为"他学了三年（的）中文"就可以了呢？因为这里满足了核心重音指派的需要，此时的"三年（的）"成为中文的附加语，从而保证了"学（了）"所指派的核心重音顺利指派给"中文"。如（4）所示：

（4）

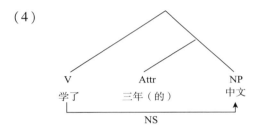

如此一来，我们对伪名量的解释是：出于核心重音的分配问题，一个句子中的谓语动词只能有一个核心重音，该核心重音由动词所管辖的宾语获得，而动量词由于无法轻读隐形，就使人脑对该句进行韵律加工变得困难。然而经过变形，动量词以"定语"形式出现，则可以保证核心重音指派和韵律加工的顺利完成。

　　另外，考虑到韵律隐形成分的特点，我们就能够解释为什么"＊张三教了中文三年"不可以说，而"张三教了李四三年"却可以说。这是因为"教"只能指派一个核心重音，（5）中"教"之后有两个不可轻读成分——"中文"与"三年"，"中文"获得核心重音后，句末仍然衍余了一个不能轻读的成分；而（6）经过结构删除后，隐形成分"李四"及其句法分支已经不复存在。两个句子计算核心重音指派时所依据的"结构"分别如（5）、（6）

所示：

（5） *张三教了中文三年。

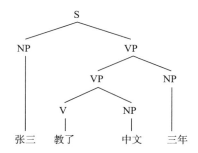

（6） 张三教了李四三年。

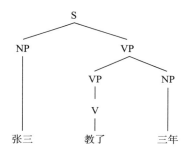

很显然，（5）中的两个成分让说本族语的人脑中的计算系统
（computational system）无法对它进行韵律加工（process）。换言之，
该句的最后一个成分——"三年"不在本族语韵律句法的允许范围
之内，是以该句被排除。

第二节　韵律隐形成分所致的对立

到目前为止，我们的解释还是顺利的。然而，要真正探讨伪定
语的形成机制，我们不仅要考虑（5）和（6）的对立，还得考虑到
（7）与（8）以及（9）与（10）的对立：

（7）a. 当了三年兵。

　　b. *当了兵三年。

（8）a. 教了他三年。

　　b. *教了三年（的）他。

（9）a. 唱了三次歌。

　　b. *唱了歌三次。

（10）a. 打了他三次。

　　　b. *打了三次（的）他。

　　事实上，在韵律语法这一理论框架下，我们完全可以对上述对立做出解释。

　　上文已经谈到，"当""教""唱""打"等都只能指派一个核心重音，（8）a 和（10）a 中的"他"是韵律的"隐形成分"［有关隐形成分的讨论见 Feng（2003）、冯胜利（2013a）］，不为核心重音所见，因此这两个句子成立。可是，为什么（8）b 与（10）b 不能成立呢？这因为"他"是一个韵律隐形成分（见第三章）。既然是韵律隐形成分，那就意味着"他"无法被指派核心重音。① 如此一来，无论"三年的他"还是"三次的他"，都无法被指派核心重音，而"三年的他"和"三次的他"的"三年""三次"在树形图上是附接成分，无法受到动词"教""当"的管辖，因此也无法获得核心重音。也就是说，核心重音无法给其直接管辖的成分指派重音，（8）b 和（10）b 这两种变形的可能性都无法实现。

_____

① 有人可能会质疑："他"也可以重读啊，如"我喜欢他（不喜欢你）"。的确，这时候的"他"被重读了，但在这里"他"获得的重音是对比重音，而非核心重音。冯胜利对此早有论及（冯胜利，2013a：51）。

第三节　"的"的定性再探

伪定语研究的一个根本问题即是"的"的由来问题。早期的"生成派"坚持"的"是在重新分析的过程中被插入的；后来黄正德（2004，2008）摒弃了这一观点，认为"的"是在推导过程中产生并保留下来的；"认知派"则提出"的"是仿造和类推（或糅合）的结果。因此，"的"的由来问题就成了本研究的一个核心问题。为解决这一问题，我们必须首先探讨"的"的本质，并以此为基础解释"的"的由来。

目前，学界已经积累了大量的相关研究成果，特别是朱德熙先生有关"的"的系列著述，然而，对于伪定语中的"的"，朱先生着墨并不多。近几年，随着生成语法以及韵律语法的兴盛，"的"再度成为学者们关注的重点，并出现了一系列关于"的"的讨论（Huang，1982；Ning，1995，1996；吴刚，2000；Simpson，2002；司富珍，2002，2004；陆俭明，2003a，2003b；熊仲儒，2005；张念武，2006；何元建、王玲玲，2007；李艳惠，2008）。

以上这些研究虽然对"的"的本质已经有所触及，但目前看来，还不足以对各类伪定语的形成机制做出满意解释。真正从韵律角度考察"的"的特点，是从冯胜利开始的。

对于"的"在韵律词法中的地位，冯胜利先生主要谈及了三个方面。

第一，"的"在构建韵律词中的特点。冯胜利（1997：23）谈道："'音步'是以'词汇词'（lexical word）为对象建立的音步。如果把'功能词'（functional word）的'的'、'在……上'、'了'、'吧'等等也考虑进来，那么就可能出现大于三音节的音步，因而也可能有大于三音节的韵律词。"

第二，"的"在构建短语中的作用。冯胜利（2000a，2001a，2001b）在讨论"A＋NN"形式时，已经用实例说明了"的"的作用，如（11）：

（11）　大盘子　　　＊很大盘子　　　很大的盘子

　　　　小雨伞　　　＊很小雨伞　　　很小的雨伞

　　　　伟大人物　　＊非常伟大人物　非常伟大的人物

"＊很大盘子""＊很小雨伞""非常伟大人物"，这些不合法的形式一旦插入"的"，就变得合法了。可见"的"起到了至关重要的作用。

第三，冯胜利（2004：13，2005：107）指出，"［名＋的＋名］"的结构（如"塑料和玻璃的杯子"）为短语形式（其中的成分甚至可以接受句法操作），构词与造语迥然有别。

然而，冯胜利虽然已经指出了"的"在韵律词法中的作用，但他没有明确说明，为什么在"＊很大盘子"中插入"的"就能够使该结构变得合法。

其实，这正是"的"字的韵律功用所在。从本质上来讲，"的"是一个黏附成分，它必须依附于毗邻的黏附组，也就是说，"的"字的插入能够把一个词或短语一分为二（多），形成两个（或多个）黏附组。如（12）（熊仲儒，2008：527）所示：

（12）a.［$_{NP}$张三的桌子］［$_{LOC}$上］　　［$_c$张三的］［$_c$桌子上］

　　　b.［父亲的父亲的］［父亲］　　［$_c$父亲的］［$_c$父亲的］［$_c$父亲］

可是，为什么插入"的"以后，"很大的盘子""很小的雨伞""非常伟大的人物"就都变得合法了？原因在于"的"字的插入把该词原有的音系结构打破了，从而形成了多个黏附组，如（13）所示：

（13）

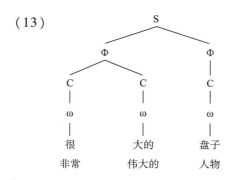

"的"不仅在词和短语构造中发挥作用，也在韵律句法中发挥作用。我们以伪名量为例加以说明。看（14）的例子：

（14）a. 他当年下乡时，放了一年猪，杀了六个月树。

b. 他当年下乡时，放了一年的猪，杀了六个月的树。

如果快速读（14）a，我们能明显感觉到"月"字发生了音变，由全降变为半降，这在一定程度上表明"六个月树"被读成了［2＋2］格式，即"六个#月树"，与冯胜利（2000a）所提出的自然音步规则相符。可问题是，这种读法与句法结构以及语义的要求相悖，后者要求"六个月树"的节律为［3＋1］。

韵律和句法（以及语义）相持之下，人们更倾向于在"月"和"树"之间插入"的"字，也就是（14）b。作为一个黏附成分，"的"的插入，打破了原来句法与韵律相持不下的格局，将"六个月树"一分为二，形成两个黏附组。这样的音系结构满足了句法和语义的要求，为汉语使用者所喜爱。

根据上面的讨论不难得知，真名量中"的"的使用也是韵律与句法、语义交织的结果，如（15）所示（黄国营，1981）：

(15) a. 小海看了五十分钟的电视。

　　　b. 老李找我谈了几分钟的话。

　　　c. 我们开了两小时的会。

　　　d. 陈老师一连讲了三小时的课。

　　　e. 育才小学开了两天的运动会。

　　　f. 他听了二十分钟的相声。

以（15）a 为例，如果没有"的"的存在，虽然句法和语义要求"五十分钟"和"电视"分属两个短语，但韵律仍然会把它们整合到一起，并读成［五十#分钟／电视］这样的音步。而插入"的"以后，这一问题就不复存在了，"五十分钟"与"的"结合，形成一个黏附组，"电视"则独自成为另一个黏附组。其音系结构如（16）所示：

(16)

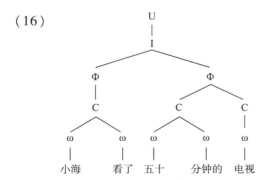

正是出于同样的道理，许多表属性的修饰成分与其中心名词之间会插入"的"，如（17）所示（黄国营，1982）：

（17）a. 创造性的成果

　　　b. 敌意的目光

　　　c. 木头的桌子

　　　d. 钢铁的长城

我们以（17）a 为例予以说明。如上所言，如果（17）a 中没有"的"存在，韵律很容易把"创造性"和"成果"整合到一起，并重新组合音步为［创造#性成果］，这显然与本意大相径庭。然而，插入"的"以后，这一问题将不复存在："创造性"与"的"结合，形成一个黏附组，"成果"独成一个。①

以上的讨论表明，至少有一部分"的"不是纯语法运作的结果，而是在韵律与语法交织的情况下插入的。可是，承认一部分"的"是韵律作用的结果，是否与以往的研究结论相矛盾？下面我们先回顾一下学界以往对"的"字的研究，再来回答这一问题。

以往对"的"的研究中，最有影响的当属朱德熙（1961）。他的研究尤以对"的"的分类而著称。在结构主义语法框架下，朱先生将"的"一分为三，分别称为副词性、形容词性和名词性语法单位的后附成分（即"的₁""的₂""的₃"）②。可以说，这一分法已把"的"的语法功能描写得淋漓尽致。至于"的"为什么会有这些语法功能，朱先生并没有解答。

生成语法倒是对这一问题做了解释，如 Huang（1982）提出"的"为标句语（C⁰ or complementizer）；Ning（1995，1996）将"的"看成一个有独立功能投射的中心语（DeP）；Simpson（2002）

---

① 有人指出，汉语中更典型的例子是"一次性交易"，如果读成"一次#性交易"，则意思完全不同，而如"的"字存在，就不会有这种问题。

② 朱德熙（1981）对"的"做了新的分类，把"的 1"和"的 2"分别称作副词后缀和状态形容词后缀，把"的 3"称作助词（后来又称作名词化标记）。

提出"的"为 DP 的中心语。这些说法在汉语界反响颇大，一时引发了"的"字的研究高潮（吴刚，2000；司富珍，2002，2004；陆俭明，2003a，2003b；熊仲儒，2005；张念武，2006；何元建、王玲玲，2007；等等）。然而，生成语法的分析只能解释部分"的"字的语法现象，而对于其他的"的"，或者疲于应付，或者干脆避而不谈。

生成语法的解释之所以出现这样的问题，主要是因为他们只采用了纯句法的手段，而忽略了韵律的作用。要知道，纯句法所（能）做的是用句法的手段解释句法现象（而不是韵律现象）。然而，有一部分"的"不是句法运作所导致的，而是韵律作用的结果，如果强行使用句法的手段来解释韵律现象，其结果可想而知。

因此，有必要把"的"分为两类：纯语法运作生成的"的"（的$_G$）以及韵律与语法交织而致的"的"（的$_P$）。前者只在语法层面上起作用，后者则具有调整韵律的作用。要全面、深入地考察"的"，必须在充分考虑句法因素的基础上兼顾韵律的特点，也只有这样才能做到对"的"的充分解释。

典型的"的$_G$"是充当 DP 中心语的"的"，前贤已有讨论（Simpson，2002；陆俭明，2003a，2003b；熊仲儒，2005；何元建、王玲玲，2007），这里不再赘述。

典型的"的$_P$"则是伪定语中的"的"。伪定语在学界常常被认为是一种"句法－语义的错配"现象（沈家煊，2007；黄正德，2008；Huang，Li & Li，2009）。对于"的"的来源，以往的研究提出了多种解释方案（沈家煊，2007；黄正德，2008；吴怀成，2008；邓思颖，2009；刘礼进，2009），但都没能有效解决"的"的来源问题[①]；但如果从韵律语法的角度思考，这一问题就能迎刃而解了。

---

① 相关研究另有专文论述。

回到上面的问题：承认一部分"的"是韵律作用的结果，是否与以往的研究结论相矛盾？回答自然是否定的，承认一部分"的"是韵律作用的结果不仅与以往的研究不矛盾，而且是对以往研究的继承、补充和发展。正是有了以往在语法方面研究的突破，我们才能够清晰地得出，除语法作用之外，还有一部分"的"是韵律作用所导致的结果。

第四节　另一类伪名量现象——"睡了两个小时的觉"句式

在第二章，我们曾以"睡了两个小时的觉"为例来评议 Zhuang（2017）的句法解释。我们当时指出，"睡觉"本身实为一个自动词，其中"觉"的出现无须获得"格"，冯胜利（2013a，2013b）称之为空宾语。然而，在"V－得"动补结构中，它同样无法出现在 V 的后面，甚至"睡觉"还有伪名量的表现。为方便讨论，第一章所用的例句重复如（18）、（19）：

（18）a. 她（的）觉睡得很香。

　　　b. ＊她睡觉得很香。

　　　c. ＊她睡得觉很香。

（19）a. 她昨天睡了两个小时的觉。

　　　b. ＊她睡了觉两个小时。

　　　c. ＊她睡觉（了）两个小时。

我们的语法框架是否比 Zhuang（2017）更有解释力呢？答案是肯定的，先看（18）。虽然说，"觉"不需要格，但在冯胜利（2013a，2016）的理论框架中，"觉"是需要核心重音的。如此一来，无论是

（18）b、（18）c 还是（19）b、（19）c 都会遭到排除，（18）a 和
（19）a 却因为核心重音的顺利指派而成功拼出。细究起来，这类现象
还有很多，如"鞠了三次躬""高了一会儿兴""帮了一个月的忙"
等。这里有个关键的问题，即这类句式是如何推导的？

而要真正解决这个问题，必须先了解一个重要的概念——离
合词。

一　离合词的离析动因

以往的研究对句法做了较好的解释，其中最成功的当属郭锐
（2011）的"同音删略说"和潘海华、叶狂（2015）的"同源宾语
说"。

郭锐和潘海华、叶狂的解释走的是句法的路子。他们使用轻动
词（light verb）/VP - 壳（VP shell）思想、复制理论（copy theo-
ry）以及同形删略来派生离合词，如（20）所示：

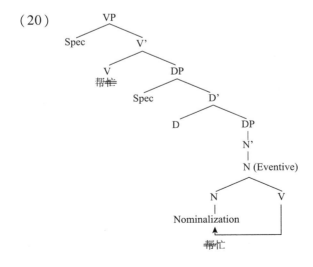

可以说，这一派生过程，单就句法运作而言，应该没有任何技

术性问题；但问题出在删略机制上。他们无法说明白是什么机制导致上面的"帮忙"删除了"忙"而下面的"帮忙"删除了"帮"，以及是什么机制允许这么做。后者或许可以说是通过承其先行语删略（句法上允许这种删略机制，特别是移位后留下的语迹经常会因这一机制遭到删除），那么前者该如何解释？显然，句法上并没有提供这样一种删略机制。

潘海华、叶狂（2015）也用同源宾语结构的观点来解释汉语离合词现象。其核心观点为：离合词由于在句法上无法带直接宾语，因而通过一种"曲折"的方式把受事成分安排为同源宾语的定语，其操作如（21）所示：

（21）我帮了他的忙。

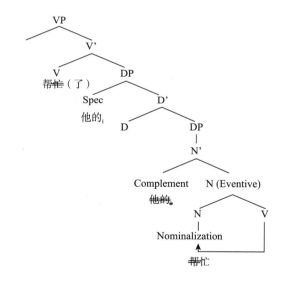

他们认为，"我帮了他的忙"的基础结构为"我帮忙了他的帮忙"，经过互补删略（complementary deletion）而成，主要包括四个步骤。

步骤一，"帮忙"在语义上要求带受事"他"时，由于"帮忙了他"不合格，就不得不通过复制自身来形成一个潜在的同源宾语结构"帮忙了帮忙"，根据最简方案，这一复制过程在 Numeration 已经完成，也就是说，句法上使用了"帮忙"的副本（copy）。

步骤二，副本"帮忙"经过名词化（nominalization），形成一个事件名词（eventive noun），然后作宾语。名词化是在句法推导过程中完成的。

步骤三，语义上的受事宾语"他"在事件名词补足语位置以属格（genitive）"他的"形式生成，整个 NP 作为 D 的补足语。但 N 不能核查格特征，因此"他的"复制移位到 DP – Spec 位置，由 D 完成格核查。之所以这样，是因为他们认为经过名词化形成的事件名词核心 N 缺乏格核查能力，即它既不能核查主格、宾格，也不能核查属格，按照 Abney（1987）的观点，DP 核心 D 可以赋（核查）属格，因此，"他的"移位到 DP – Spec，以完成格核查。这一核查应该在拼读（spell – out）之前完成。另外，移位实际上是复制与合并。具体过程为：

（22）N =｜我，帮忙，他的｜

a. 名词化｜V 帮忙｜→｜N 帮忙｜

b. 合并｜他的 + N 帮忙｜→｜NP 他的帮忙｜

c. 复制｜他的｜

d. 合并｜他的 +｜NP 他的帮忙｜｜→｜DP 他的（他的）帮忙｜

步骤四，在同源宾语结构"帮忙了他的帮忙"中，存在"帮忙"的一个副本，因而在 PF 层可以进行互补删略，生成"帮了他的忙"。

以上两种操作模式，单就句法运作而言，应该没有技术性问题；但问题出在删略机制上。他们并没有真正说明是什么机制允许上面

的 "帮忙" 删除了 "忙"，而下面的 "帮忙" 删除了 "帮"，后者或许可以说是通过承其先行语删略（句法上允许这种删略机制，特别是移位后留下的语迹经常会因这一机制遭到删除），那么前者该做何解释呢？显然，句法上并没有提供这样一种删略机制。

另外，潘海华、叶狂（2015）的推导中还有一点令人不解，语义上的受事宾语 "他" 在事件名词补足语的位置生成，如何做到以属格 "他的" 形式出现？作为名词补语的 "他" 与其实现的领属形式 "他的"，无论在语义上还是在句法上，似乎都差得太远了。这就涉及另一个问题——"的" 到底是直接生成的，还是后来插入的？

总而言之，虽然同源宾语的说法颇具匠心，但特设解释多。相反，我们认为更简洁的解释其实就存在于离合词 "离式" 与 "合式" 两种结构的区别和联系中。离合词的特殊性在于：这类词无论其内部有无结构，或是什么结构，都能被再次解读为动宾短语。我们认为，解释这一现象的最优方法是 "重新分析"。虽然重新分析（re-analysis）几十年前在生成理论中就被很多人提到并应用（Chomsky，1975：242，1981：123、292–300；Radford，1981：346–346；Keyser et al.，1984：399；冯胜利，2000a；潘海华、陆烁，2011 等），但是它也招致了很多批评（Baltin & Postal，1996；黄正德，2008 等）。黄正德（2008：227）指出，重新分析须有 "大量的独立证据与动机，否则不应轻易为之"。所以如果说词的离合现象是词经过重新分析变成短语，那么就要说清楚两个问题：（一）能证明离合词发生过重新分析的证据是什么？（二）促发重新分析的动因是什么？

总体说来，离合词研究中的问题很多，而问题症结集中于一点，即离合词的特殊性与 "词的原子性"（atomicity of words）或 "词汇完整性原则"（lexical integrity hypothesis）的 "纠缠"。无论是生成语法（generative grammar）还是结构语法（structural grammar）都主张：词就像原子一样，无法被句法规则 "穿透"（Huang，1984：

60）。句法规则不能直接把词"打开"，比如"月亮"虽然是主谓式，但因为是词，就不能像句法的主谓结构那样，插入其他成分（"＊月很亮"）。再如，"小孩儿"虽然是偏正式，但因为是词，所以也不能像偏正短语一样在中间加入"的"或者其他修饰成分。但是，离合词却不遵守这一假设。比如"睡觉、考试、小便"等虽然是词，但在某些条件下可以按照短语结构打开，如"考了一次试、睡了十分钟的觉"。根据语法理论，句法规则无法作用于词的内部。而如果真的有某种规则把这类词打开，那这种规则也不可能是句法规则。按照以往的研究（黄梅、庄会彬、冯胜利，2017），离合词的产生机制，当是韵律促发下的重新分析。事实上，离合词也不止有"睡觉"，Chao（1968：430－433）曾对离合词进行过讨论。该文所举例子依语法属性有如下五类。

（23）动宾复合词

理发→理完了一次发

（24）假动宾

体操→体了一堂操

军训→军完了训以后

（25）定中名词

左手→再左一点手

小便→小一点儿便（小了一次便）

（26）单纯词

慷慨→慷他人之慨

（27）英语词

outside→out 什么 side　con 什么 sider

离合词由"合"到"离"的过程，从严格的句法分析来看，表现为"双音词→双音短语→扩展的短语（离析结构）"。其中，"双音词→双音短语"是由韵律促发产生的重新分析；"双音短语→扩展的短语（离析结构）"是为凸显核心重音而进行的句法运作。在韵律层上，该运作过程是：右重（等重）双音韵律词负载核心重音，然后扩大为同样承载核心重音的韵律短语。主要证据有两点。（一）汉语离合词的"离"只在句末发生；离合词及其对应的离析结构一直处于核心重音范域内。（二）离合词为抑扬格，与汉语核心重音的"轻重节律"一致。从这个角度来说，离合词本质上是一类可以经由重新分析变成短语的复合词。离合词的"离"是为凸显核心重音而采用的一种句法手段：汉语离合词是一类可以被重新分析[①]为动词短语（$[_{V'}\text{ V Comp}]$）的词（X^0）。重新分析的证据来自派生离析结构的句法位置及过程。重新分析的发生并非随意的，而是由韵律促发的。为凸显更强的语气，在句法语义条件准许时，在词重音与核心重音的轻重节律相同时，词由核心重音范域内相应的短语结构打开，从而发生词被离合成类似动宾短语的现象。从这个角度说，离合词的离析是由核心重音促发的重新分析。

　　虽然离合词可离可合，但它打开时的句法性质和所处位置却是固定的，即离合词是在特定位置上经由重新分析后变成短语的。那么，是什么促发了离合词的重新分析？

　　作为句末谓语的双音词，有的可以离合（"出名、高兴、左手、负责"等），有的不能离合（如"张罗、得罪、啰唆、咳嗽、拾掇"等）。我们认为，两者的区别在于词重音的类型。后者明显是重轻音步（trochaic foot），而前者不是。词的重音形式是离合词

---

① 一般来说，学界对重新分析的研究从两个角度入手。一是历时研究中的重新分析。语法演变中，促发重新分析的动因被解释为"隔代误解"（misinterpretation）。二是共时研究下的重新分析。在生成语法的理论框架下，一些结构在"特定的句法、语义或音韵条件下，存在发生结构重新分析的可能性"（潘海华、陆烁，2011：32）。离合词经由重新分析变成动词短语，两种结构属于共时现象，为此只能采用后一种角度来分析问题。

能否离合的必要条件。事实上关于这一点，早在 20 世纪 60 年代，赵元任（chao，1968：183）就提道：

> 有时候，一个属于抑扬性的双音节复合词，游离之后变成动词跟宾语，而原来的语位之间并没有这种关系。

也就是说，离合词韵律模式应当是：

（28）离合词韵律特征

$$[\text{X}^0\text{AB}]\ /\ _{-\text{trochaic}}$$

离合词 AB 原本带着"非扬抑格"的词重音，重新分析变成短语 AB 后，其重音则变成核心重音（句重音/短语重音）。也即离合词在从合到离、从词到语的过程中，三种结构［双音词、双音短语以及离析结构（扩展的短语）］所表现出的韵律特征。（29）展示了三者在 PF 层上的变化：

（29）词重音　短语重音（核心重音）　　句重音（核心重音）

非重轻式韵律词 → 带核心重音的韵律词 → 带核心重音的韵律短语

双音词　双音短语　　　　　　　　　离析结构

换句话说，离合词［X⁰AB］原来所带的重音是词重音，与句法重音无关。当它发生重新分析后，［X⁰AB］被解读为句法上的短语［V′AB］，带核心重音。为进一步凸显核心重音，短语［V′AB］被打开，按照句法规则加入相应的句法成分。这样，由韵律词承担的核心重音变成了由韵律短语承担的核心重音。

由此可见，离合词的词重音是否为［－非重轻式］（或右重），是离合词能否被重新分析为短语的前提。如果词重音与核心重音在轻重的节律形式上一致，那么核心重音就有可能在右重或等重的韵律词上扩展为更大的韵律短语。如（30）所示：

（30）词重音（右重）　　　　带核心重音的韵律短语

$$x \qquad\qquad\qquad\qquad x$$
$$x \qquad\qquad\qquad\qquad x\cdots x$$
$$AB \quad\longrightarrow\qquad\qquad AYB$$

相反，如果词重音是左重，那么在韵律上，核心重音无法以这样的词重音为基础扩展为更大的韵律短语。这样双音词在句法上也无法被打开，除非重音模式发生改变，如（31）所示：

（31）词重音（左重）　　　　带核心重音的韵律短语

$$x \qquad\qquad\qquad\qquad x$$
$$x \qquad\qquad\qquad\qquad x\cdots x$$
$$AB \quad\longrightarrow\!\!\!\!/\qquad\qquad AYB$$

总之，只有与核心重音节律相同的词重音形式（右重或等重），才能发生由韵律词扩展为韵律短语的现象，也就是在句法上发生由词打开变成短语的现象。从这个角度来看，是否符合核心重音的节律模式是打开双音组合的必要条件，而"非重轻式"的词重音是满足这一条件，以促发重新分析的前提。

这一分析符合 Chao（1968）对离合词韵律特征的观察。为什么能够离合的词须是一个抑扬格的双音词？在我们看来，这是因为促发重新分析的关键是韵律。只有当双音词的韵律特征和核心重音的节律类型等同时，重新分析才能发生。因为抑扬格的词和核心重音的节律一样，都是右重，所以在表层上它们不仅音段特征相同（都是 AB），超音段（韵律）特征也相同（都是右重），由此重新分析才得以发生。相反，明显具有扬抑格的词与核心重音的节律不同。前者是左重，后者是右重。这违背了重新分析发生的条件。因此即便音段成分相同，也无法引起重新解读。所以扬抑格的词也不能发生重新分析。类似"得罪、张罗、小心、帮助"的词都是扬抑格，所以它们不能发生重新分析，也不能出现离合现象[①]。

　　总之，促发词被重新分析的关键在于其语音信息。只有当词的韵律特征与核心重音相同时，才能导致重新分析的发生。换句话说，韵律是促发重新分析的动因。正如冯胜利（2013a：255）所指出的：

　　　　促发语言彼此相异的因素原本多种多样。只要语言的普遍语法允许，只要该语言的其他因素发生作用，那么该语言就会向着适于自己的道路运行，以此而区别于其他语言。这里我们认为"睡"、"跑"、"走"等人类语言中的不及物动词，在汉语里所以表现出它们的特有的个性，正是普遍语法的允许，再加之以汉语自身韵律规则的促使，所得到的结果。

二　"睡了两个小时的觉"句式的推导

　　分析到此，问题并没有解决。因为我们只是解释了离合词的离

[①]　关于这一问题，本文的讨论受到崔四行的启发。她提出"发生电离化的词汇的抑扬格跟后重的短语或句子的重音格式吻合，这是其发生电离化的必要条件"。这一观察很有创见。但遗憾的是缺少相关的基础论证。就英语而言，很多学者明确提出英语的短语重音规则（phrase stress rule）是右重（Chomsky & Halle, 1968; Hogg & McCully, 1987 等）。但与英语相比，未见到有研究直接把汉语的短语重音格式概括为右重。所以右重能否被概括为汉语短语或句子的重音格式仍需独立论证。通过论证，我们发现其实词发生电离化的必要条件是词重音与核心重音的节奏相同，而非与短语的重音节奏相同。这一发现同时符合重新分析的句法特征。

析动因，而并未解释"睡了两个小时的觉"这类句式的推导机制。这里还涉及另一个概念——假动宾。

什么是"假动宾"？根据冯胜利（2013a：253～256）的看法，即"汉语中有一些动词，虽然不及物，但却以动宾的形式出现。如'跑步''睡觉'等等"。换句话说，就是语义上是不及物动词，但在句法上表现为动宾结构的那类词语。对此，冯胜利的解释是，这类动词属于非作格动词（unergative），它们在深层结构中占据的是 N 位置，如（32）所示：

（32）
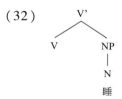

如果它经过核心语移位（head movement）或曰并入（incorporation）操作，那么则有：

（33）
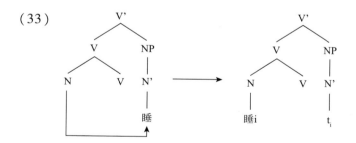

这时，如果在并入后的遗迹上补出一个与移出的成分同指的成分，则可能得到这种"假动宾"结构。而"睡觉"的"觉"正是这样的填充成分。毕竟，"觉"虽然是"睡"的宾语，但它绝不是"睡"的论元成分（或补述语）。"睡了两次觉"等于英文的"slept twice"，所以在语义上"觉"等于零。事实上，不仅"睡觉"的"觉"如此，"走路"的"路"、"跑步"的"步"也无不如此。于是，冯胜利有了如下观察：

> 因此，我们把"睡觉""走路""跑步"的宾语当作跟动词同指的填充成分，不仅有充足的理由，在理论上也完全是可能的。当然可能并不是必然。如果说汉语的"睡"等动词把这种可能变成了现实，那么我们必须找出它实现的动机。什么原因使得在本来不必（不是不能）的空位上，出现了填充成分呢？句法只能提供形式，而根源还在韵律……尤其是当我们把不是动宾的单纯词，如"鞠躬"以及本无必要携带宾语的及物动词如"吃""喝"等放在一起，作统一考虑的时候，我们会发现：汉语的 V′ 具有很强的"动宾性"。

也就是说，上一节所谈的离合词，如"鞠躬""幽默""高兴"等，以及本节所谈的假动宾都有很强的"动宾性"。

既如此，"睡了两个小时的觉"这种句式也就很容易做出解释：因为"＊睡觉两个小时"中动词后面有两个不可轻读的成分"觉""两个小时"，而核心重音只能指派一次，这就意味着核心重音指派完成后，在句末仍衍余一个不能轻读的成分。这使汉语母语者脑中的计算系统无法对它进行韵律加工，从而导致句子崩溃。

本章小结

本章主要解释了伪名量的推导问题。伪名量产生的原因是，如果伪名量以动量形式出现，则意味着动词后面有两个不可轻读的成分，而核心重音只能指派一次，这就导致核心重音指派完成后，在句末仍衍余一个不能轻读的成分，从而使汉语母语者脑中的计算系统无法对它进行韵律加工。而将动量成分置于宾语的定语位置，则能够保证核心重音顺利指派。"睡觉""走路""跑步""鞠躬""幽默""高兴"这些结构之所以会导致伪名量结构，是由其自身的假动宾形式所致。

另外，本章还从韵律语法的视角考察了"的"字的作用。"的"作为一个黏附成分，本身在韵律上不能独立，而必须依附于毗邻的黏附组。由于这一特点，"的"在构建汉语节律的过程中起到了极其重要的作用。

第五章　伪领属现象之韵律句法解释

前文中我们谈到，伪定语分伪领属与伪名量两类，在第四章中我们谈了伪名量，本章主要探讨伪领属。第一章举的两个典型例子重复如下：

（1）他的老师当得好。

（2）你别泼他的冷水。

本章分为三节，第一节先谈第一类伪领属结构，即"他的老师当得好"句式；第二节谈一种与"他的老师当得好"同类但又有所不同的例子——"王市长的这条路修得好"；在第三节谈另一类伪领属现象"你别泼他的冷水"。

第一节　核心重音规则——伪领属产生的韵律动因

对于"他的老师当得好"这一句式，我们认为其基础生成（base - generated）结构应如（3）所示：

（3）＊他当老师得好。

如此一来，"当"的后面就有"老师"和"好"两个不可轻读的成分。如前所述，汉语的重音为管辖式核心重音，只能指派一次。这就意味着该句中动词"当"所指派的核心重音只能指派给"老师"，且指派完成后，在句末仍衍余一个不能轻读的成分"（得）好"。这使汉语母语者脑中的计算系统无法对它进行韵律加工，从而导致句子崩溃。其计算核心重音指派时所依据的"结构"图如（4）所示：

（4）＊他当老师得好。

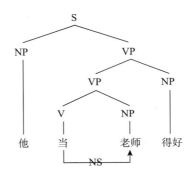

为了消除这种不合法性，其中一个成分只能隐退或出现在别处（非句末位置）。如此一来就有了以下几种选择①，如（5）所示：

---

① 当然，考虑到"得"的特殊性并出于讨论的需要，我们也可以用以下例句进行探讨：

（i）a. 我没当好老师。
　　 b. 我老师没当好。
　　 c. 我的老师没当好。

其中，（i）a 被称作常规（canonical）句式，（i）b 为焦点结构（focus structure），（i）c 为伪定语结构。根据 Shyu（1995），（i）b 应该由（8）a 派生而来，即：
（ii）我［老师］i 没当好 ti。

（5）a. 他当老师当得好。

　　　 b. 老师他当得好。

　　　 c. 他老师当得好。

　　　 d. 他的老师当得好。

（5）d 即为本文所关注的伪领属。根据 Zhuang（2013，2017）的研究，（5）a、（5）b、（5）c 的句法结构分别如（6）、（7）、（8）所示：

（6）

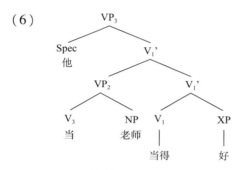

（7）

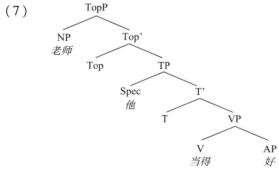

（8） a. 他老师当得好。

b.

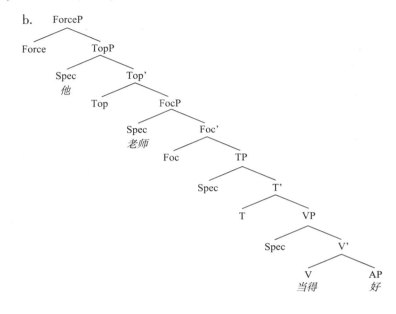

（5）d 的结构应与（5）c 相同（其中，"的" 是在句法 – 音系的接口插入的，见第四章关于 "的" 的讨论）。

　　有了句法结构，其音系结构（phonological structure）又该如何？根据匹配规则（mapping rules），应该把 "我老师当得好" 中的 "我"① 和 "老师" 分别处理成不同的韵律短语，即让焦点成分独自映射成一个韵律短语 Φ，这样既照顾到了句法结构，又兼顾了语义。如（9）所示：

（9）

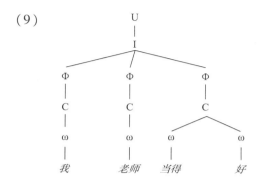

　　然而，事情并没有这么简单。如果我们用较快的语速读"我老师当得好"就会发现，"我"出现了变调：由上声变为阳平。这说明"我"和"老师"两个韵律短语的边界并不是那么清晰可辨。按常理，作为一种韵律现象，上声连读变调应该只发生在韵律短语内部，而不会跨韵律短语发生。因此，"我"的变调明显表明，"我"与"老师"在一个韵律短语之内。可见，匹配规则并不意味着完全匹配。Jackendoff（2009）早已指出，音系结构并不能由句法结构推导出来，句法与音系的联系亦非推导所能促成，而需要通过接口规则来完成。其实，以往对其他语言的研究早已注意到了这一问题，如 Kenesei & Vogel（1990：44 – 45）提出概化焦点重建规则（generalized focus restructuring rule）①：

（10）**概化焦点重建规则**

　　a. 如果句子中的某个韵律成分带有［＋F］特征，其（句法）递归的一侧即为韵律短语的边界，而非递归一侧的成分

---

① 原文如下：a. If some prosodic constituent in a sentence bears［＋F］, place a Φ – boundary on its（syntactic）recursive side, and incorporate this constituent into a single Φ with the constituent（s）（if any）on its nonrecursive side. Any items remaining in a Φ after［＋F］is reassigned retain their status. b. If the remaining Φ is non – branching, it may be joined into a single Φ with a Φ on its recursive side。

（如果有的话）将与之融合，成为一个韵律短语。$[+F]$ 特征被重新指派之后，韵律短语内部成分的地位不变。

    b. 如韵律短语是无分支结构（non - branching），则有可能与其递归一侧的韵律短语合二为一。

该规则提出不久就在 Chichewa 语中得到了证实（Kanerva，1990）。

Frascarelli（2000）将这一规则进行了修正并程式化，如（11）所示：

（11）$[[Y]_\phi \ [X_{[+F]}, (X_0)]_\phi \ [Z_1, Z_2]_\phi]_I$（$[[Y, X_{[+F]}, (X_0)]_\phi]_I \ [\ [Z_1, Z_2]_\phi]_I$

因此，（8）b 的音系结构也可能如（12）所示：

（12）

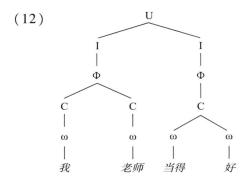

从句法结构和语义角度来考虑（"我" 和 "老师" 在句法上分属于不同的成分，语义上也不能成为一个组合：这里的 "我老师" 完全不同于 "我的老师" 之意），虽然 "我" 和 "老师" 在同一个韵律短语之中，但仍然应该分属于不同的黏附组。可在实际话语中，

如何才能保证"我"和"老师"分属不同的黏附组？通常说来，有三种方法。

第一，停顿法。即在"我"之后稍加停顿，再读"老师当得好"，其音系结构应该如（13）所示：

（13）
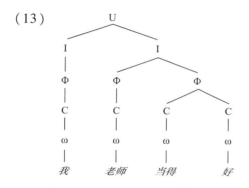

第二，插入语气词"呀""吧"等。如"我呀，老师当得好"，其音系结构如下：

（14）
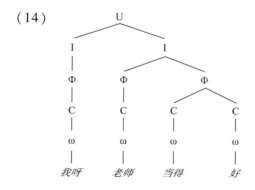

第三，插入"的"，形成伪定语结构。即获得"我的老师当得好"。根据王茂林（2005），由于语气词以及"的"都属于黏附成分，所以在音系结构上需要前附。也就是说，"呀""吧""的"等都必须左依附于毗邻的黏附组。因此，其音系结构如（15）所示：

（15）

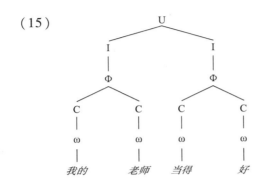

如选择（15），则可以得到"伪领属"现象。

也就是说，伪定语现象由核心重音的指派需要引发。"老师"由于无法在原位置得到核心重音，便只能隐退或出现在他处。如若出现于焦点位置，则会引发焦点重建，这时消解的办法之一是借助语气词以及"的"字的插入确保"我"和"老师"分属于不同的黏附组。如果插入"的"，我们就会得到伪领属。

第二节　"得"的黏附性所致的反例

上文中，我们对"他的老师当得好"句式的解释是"当"的后面有"老师"和"好"两个不可轻读的成分。由于汉语的重音为管辖式核心重音，只能指派一次，因此，动词"当"所指派的核心重音指派给"老师"后，在句末仍衍余一个不能轻读的成分"（得）好"，从而导致该句子崩溃。那么一个问题也随之产生，如果这里的"老师"换成一个韵律隐形成分，结果又会怎样呢？看（16）的例子：

（16）a. 王市长的这条路修得好哇！

b. 王市长，这条路修得好哇！

c. ＊王市长修这条路得好哇！

根据冯胜利（2013a，2013b）以及第三章的讨论，我们知道，"这条路"是一个定指成分。定指成分当属韵律隐形成分，因为它们都是已知的旧信息，因此在句中都不是重读的目标。这就意味着它即便出现在动词后面，也不会抢夺动词所指派的核心重音，因为"在计算核心重音的指派时要根据'结构删除（structure－removing）'后的直接管辖关系而定"（Feng，2003；冯胜利，2013b：22）。也就是说，（16）c 计算核心重音指派时所依据的"结构"图应当如（17）所示：

（17） ＊

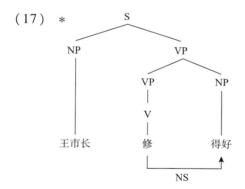

可是，（16）c 却遭到了排除。为什么"这条路"不能出现在"修"的后面，而要提到前面？如此看来，单纯的核心重音解释还不够，要解释（16）c 的现象，还要把"得"的特性考虑在内。

对于"得"的特性，以往的研究多有高论，其中最有影响的是：

a. 特别介词（黎锦熙，1924）；

b. 后附号（王力，1943）；

c. 结构助词（张志公，1953；范晓，1993；李临定，2000；黄伯荣、廖序东，2002）；

　　d. 词缀（朱德熙，1982；聂志平，1992；Dai，1992a，1992b；何元建，1995）；

　　e. 词尾（李浚平，1984；缪锦安，1990）；

　　f. 助词（施关淦，1985）；

　　g. 标句成分（Hashimoto，1971；Huang，1982；Ross，1984；Li，1990）；

　　h. 泛动词 v（杨寿勋，1998）；

　　i. 黏附成分（Ernst，1986，1995；Tang，1990：188 – 197；汤志真，1993）。

　　另外，还有学者认为，不同结构中的"得"有着不同的性质，需要分别处理（宋玉柱，1981；陈虎，2001）。

　　不可否认，以上对"得"的各种定性都能够在一定程度上对"得"的句法特点做出解释，但唯一能够解释（17）的是把"得"视作黏附成分的观点（Ernst，1986，1995；Tang，1990：188 – 197，1993）。

　　何谓黏附成分？第三章和第四章都有所涉及，但没有全面展开，这里我们不妨借助 Spencer（1991）的定义来为"得"定性。根据 Spencer（1991：350），"黏附成分具有实词（fully fledged word）的性质，但是不能独立应用，必须依赖于一个语音寄主（phonological host）才能出现"。根据这一定义，把"得"视为黏附成分完全可行：现代汉语中的"得"历史上是由动词"得"发展而来，现在已经不能独立应用，而必须依赖于语音寄主（phonological host），且只出现在"V 得"结构中；"得"虽然已经虚化，但还没有完全虚化为词缀——词缀与动词的结合不会影响该句的句法结构，而"得"与动词的结合则会影响句子的句法结构。如（18）所示：

（18） a. 张三唱歌。　　　　　　（SVO）

　　　b. 张三唱着/过歌。　　　　（SVO）

　　　c. *张三唱得歌。　　　　　（SVO）

　　　d. 张三唱得好。　　　　　　（SVC）

显然，"得"作用于句法层面，而非词汇层面，这一点与词缀明显不同。由是，把"得"视作黏附成分不失为恰当的处理方式，事实上，对于"得"的定性，Huang（1988：275）曾有非常经典的论述，他说："［得］历史上来自动词'得'。从音系上看，'得'以词缀（affix）或黏附成分（clitic）的身份附着于其前的动词之上，因理论基础不同而异……"

　　如果以上分析正确，那么利用"得"的黏附特点，很容易就能解释（16）所呈现的现象。根据 Ernst（1986，1995）、Tang（1990）、汤志真（1993），"得"必须附着于其前的动词或形容词之上，而显性宾语"这条路"的存在显然会阻碍这一黏附。自然（16）所呈现的现象也就得到了解释。

第三节　另一类伪领属现象——"你别泼他的冷水"句式

　　接下来，我们再来看另一类伪领属现象，如（19）：

（19） a. 你别泼他的冷水。

　　　b. 他早就在打她的算盘了。

　　事实上，这类现象早在结构语法时代，便已引起学者们的注意（丁声树等，1961；Chao，1968；朱德熙，1982；黄国营，1982；张理明，1982；吕叔湘，1984；赵金铭，1984；李临定，1986 等）。20
世纪末，随着国际语言学重心从描写转向解释，学者们对这一句式
再次表现出研究的兴趣，并从各自角度做出解释，可以说几大语法
流派都有参与：生成语法（Huang，1988，1997；邓思颖，2000；
Zhuang et al.，2013）；配价语法（袁毓林，1989，1998a，1998b；
陈昌来，2002）；韵律语法（冯胜利，2000a，2001）；构式语法
（卞文强，1991；孙德金，1999；李桂梅，2009）；认知语法（石毓
智，2006）；句法与语义的接口（蔡淑美，2010）。虽然这些研究各
有突破，但都没有给出一个令人满意的解释。这里我们主要回顾
Zhuang et al.（2013）。

对于（19）这类现象，Zhuang et al.（2013）将其称为"'VO'
式复杂动词"，并认为是由于"VO"式复杂动词自身的特殊性导致
的，即以动宾形式出现，而在语义上相当于一个动词的特殊结构。
这类结构多见于习语、俗语，如"吃醋""泼冷水""打算盘""敲
竹杠""拍马屁""炒鱿鱼"等。"VO"式复杂动词所表达的实际意
义相当于一个普通动词。如"吃醋"的意思是"嫉妒"，"泼冷水"
的意思是"打击"，"打算盘"的意思是"算计"，"敲竹杠"的意
思是"敲诈"，"拍马屁"的意思是"讨好"，而"炒鱿鱼"的意思
是"开除"。[①]

另外，Zhuang et al.（2013）指出，这类动词性的宾语成分还有
其特殊性：虽然"VO"式复杂动词形式上带有一个类似于宾语的
O，但这并非其语义上的宾语。其语义上真正的宾语多由以下两类方
式来实现。第一，与一个介词结合，以介宾短语的形式出现在
"VO"式复杂动词之前，如"为张三吃醋""向李四泼冷水""给领
导拍马屁"……第二，表现为 O 的定语形式，出现在 V 与 O 之间，

---

① 另外，还有很多在汉语里很难找到甚至找不到对应的普通动词，如"吊胃口""扣帽子"
"帮倒忙""开玩笑""走过场""做工作""造谣""挑刺""将军"等。

如"吃张三的醋""泼李四的冷水""拍领导的马屁""炒赵六的鱿鱼"……问题是，为什么"VO"式复杂动词的宾语无法直接出现在"VO"之后，而要以这类形式呈现？

Zhuang et al.（2013）的研究是在句法理论的框架内进行的，他们的解释主要依赖于句法理论中的两点，即题元标准（θ‑criterion）与可见性假说（visibility hypothesis）。题元标准的经典定义为每一个论元必须获得一个 θ‑角色，而且只能获得一个 θ‑角色；每一个 θ‑角色必须被指派给一个论元，而且只能是一个论元（Chomsky 1981）。可见性假说认为，一个名词短语（NP 或 DP）要得到 θ‑角色，必须是可见的（visible），而名词短语要在句中成为可见成分，必须具有格（Chomsky，1986a）。在这两条理论的基础上，他们首先讨论了"VO"式复杂动词自身所携带的 O 如何满足题元标准以及格的要求。

他们指出，"吃醋"中的"醋"、"拍马屁"中的"马屁"并非真实世界里的实体。既然它们在习语义中不是指称表达式，那就说明它们并非论元。然而，要传达习语的意思（即"嫉妒""讨好"义），"醋"和"马屁"就必须出现，否则，语义就变得不完整，甚至失去了习语义。如（20）、（21）所示：

（20）a. *张三经常吃。

b.？李四擅长拍。

（21）a. 张三经常吃酱油。

b. 李四擅长拍牛屁。

可见，"醋"和"马屁"虽然并非指称表达式，但它们是特殊的论元。不仅如此，这里的动词"吃""拍"和非习语意义的动词"吃""拍"也不一样。最明显的一点是，它们多数不能被动化。一旦被动化，就失去了原有的习语意义，如（22）所示：

（22）a. 醋被张三吃了。

b. 马屁被李四拍了。

以往的研究中，有些学者［如 Her（1999）等］指出"VO"式复杂动词为复合词，认为"VO"式复杂动词中的 O 实际有所指称，不过是通过隐喻的方式完成的。根据 Ouhalla（1999：151），我们把"醋""马屁"视作（特殊的）论元，或者说准论元（quasi – argument）。

既然称之为（准）论元，它们自然能分别从动词"吃"和"拍"那里获得特殊的题元角色。而为了获得题元角色，它们必然首先是可见的，也就是说它们应该具有格。格从哪里来呢？自然从动词那里获得。由此不难推出，"VO"式中的 O 应该位于受到 V 恰当管辖的位置，即：

（23）

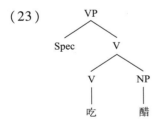

许多"VO"式复杂动词在语义上要求宾语，其宾语又通常表现为 O 的定语。对此，Zhuang et al.（2013）通过句法做出了解释。其论证有二：一方面，"VO"式复杂动词作为一个动词整体向其宾语指派一个题元角色，但该题元角色为其宾语所获得；另一方面，"VO"式复杂动词作为一个整体，并不能向其宾语指派宾格，因为这一宾格为 O 所吸收。如此一来，"VO"式复杂动词的宾语无法在原地（in - situ）获得格，出于格的需要，只能移向他处。如此一来，"VO"式复杂动词的宾语只能通过两种方式获得格。

第一，与一个介词结合形成介宾短语，从介词那里获得旁格（oblique Case）。第二，进入 O 的定语位置，获得属格（possessive Case）。因此，"张三嫉妒李四"和"王五打击赵六"改用"吃醋""泼冷水"来表达，便可以说成（24）或（25），分别对应以上两种表达形式：

（24）a. 张三为李四吃醋。

　　　b. 王五向赵六泼冷水。

（25）a. 张三吃李四的醋。

　　　b. 王五泼赵六的冷水。

（24）中，"李四"和"赵六"分别从"为"和"向"那里获得旁格，从而变得可见，并获得"吃醋"和"泼冷水"指派给它们的题元角色。（25）中，"李四"和"赵六"分别进入"醋"和"冷水"的定语位置，并从"醋"和"冷水"那里获得属格，从而变得可见，并获得"吃醋"和"泼冷水"指派给它们的题元角色。①

然后，面对更多语料，Zhuang et al.（2013）很快就意识到了问题：

（26）关心李四

（27）负责这项工作

（28）着手这项工作

（29）得罪王五

---

① 其实，这类现象并非汉语所独有，在其他语言里也能发现，如英语中有 pull one's leg、take advantage of me。

（30）取笑赵六

（31）小心蒋八

（32）操心孩子的婚事

这里的"VO"式复杂动词显然都带有宾语，而且宾语直接出现在"VO"式复杂动词的后面，显然给句法解释提出了挑战。为解决这类现象，Zhuang et al.（2013）不得不提出存在"假 VO 式复杂动词"，而且不止一类。

事实上，在过去的几十年里，学者们曾从不同的视角尝试对"VO"式复杂动词带宾现象做出解释，如历史视角（丁喜霞、原雪梅，1998；刁宴斌，1998；宴鸿鸣，1999）、语法视角（李临定，1983；饶长溶，1984；高更生，1998）、配价语法视角（周红，2003）、韵律视角（冯胜利，2001a，2002b；董秀芳，2004）、词汇化视角（刘大为，1998；罗昕如，1998；施茂枝，1999）、语义视角（许德楠，1988；汪惠迪，1997；刘云、李晋霞，1998；凌德祥，1999；杨海明，2001；范晓，2001，2003）、语用视角（华玉明，1997；罗昕如，1998）等。然而，一旦把"VO"式复杂动词带宾现象与上面的"VO"式复杂动词不能带宾语的现象放在一起讨论就会发现，以往的解释仍嫌局限，无法把两种现象放在一起解释。

事实上，如果从韵律的角度来看，我们还是会有所发现的。冯胜利（2001a：28）曾论及，"只有两个音节的动宾短语才能成词，三音节的动宾短语均不能成词"。为什么这样说呢？冯胜利从三个角度做了对比。

第一，可拆性。

（33）a. **双音节**：

    *得他的罪 *奔两次波 *亏几个空 *满一点意

　　＊咳一会嗽

　　b. **三音节**：

　　泡他的蘑菇　　炮两次蹶子　　开几个玩笑　　咬一会耳朵

　　打一个圆场

第二，及物性。

（34）a. **双音节**：

　　得罪人　抱怨人　关心他　担心他　进口货物　告别

　　父母　留神钱包

　　b. **三音节**：

　　＊开玩笑人　＊泡蘑菇工作　＊打圆场他　＊炮两次

　　蹶子　＊动手术他　＊咬耳朵他

第三，能否带助词。

（35）a. **双音节**：

　　得罪－过　抱怨－起来　关心－过　咳嗽－起来

　　b. **三音节**：

　　＊泡蘑菇－过　　＊开玩笑－起来　　＊动手术－过

　　＊咬耳朵－起来

　　如此一来，三（及以上）音节"VO"式复杂动词的宾语之所以会这样的原因，完全可以通过核心定语的指派来解释。从上面的界定可以看出，三音节只能被视作短语，在韵律上指派核心重音的只能是其中的 V，而 O 则是重音的承载者（注意 O 不能通过话题化或者焦点化提到句首）。如此一来，"VO"式复杂动词的真正宾语则无法获得核心重音，只能退而求其次，以迂回的面貌示人，故而有了宾语的两种实现方式，借助介词以介词短语的形式附接出现或者以O的定语形式出现。

这里要强调的是，三（及以上）音节"VO"式复杂动词的宾语表现为定语的现象只是表象，而非其本质。我们认为其本来是以"内嵌宾语"（embedded object）的身份出现的，如（36）：

（36） a. 泼张三冷水

　　　 b. 打王五主意

即"泼张三的冷水"本应为"泼张三冷水"，"打王五的主意"本应为"打王五主意"。这样的结构处理，完全可以满足核心重音指派的需要，即由于"张三""王五"为定指成分，属于韵律隐形成分，从而在核心重音指派时被删除。可是，为什么还要插入"的"呢？这其实是利用了"的"的黏附作用。

（36）a中"张三"和"冷水"以及（36）b中的"王五"和"主意"之间如果没有"的"，韵律上就会要求它们相合（试快读"泼王五冷水""打王五主意"，"五"这时会出现变调），而句法和语义上则要求它们相离，合离矛盾导致了"的"的插入。

有意思的是，第一节谈到为保证"我"和"老师"分属于不同的黏附组，可以使用停顿、插入语气词和插入"的"三种方法；而插入"的"字的方法是最佳选项，停顿法可以接受，插入语气词的方法则完全不能接受。原因如下所述。

"我的老师当得好"中的"我"实为话题。根据石毓智（2001：88），话题后面可以停顿或者可以添加语气词"啊""吧""嘛""呢"等（主语与谓语之间则不允许）。（36）a、（36）b则有所不同，根据以往的研究（梅广，1978；Huang，1982；Tsao，1990），其伪定语结构由双层 VP 结构（VP－shell）派生而来，如（37）所示：

（37）a. 你别 $[_{vP}\,v\,[_{VP}\,他\,[_{V'}\,泼冷水]]]$ （深层结构）

　　　b. 你别 $[_{vP}\,泼\,[_{VP}\,他\,[_{V'}\,t\,冷水]]]$ （v 吸引 "泼" 移位到 vP 的指定语位置）

　　　c. 你别泼 $[_{NP}他的冷水]$ （重新分析，"的" 字插入）

因此（19）的伪定语结构内既不涉及话题结构，也不存在宾语从句结构[①]。所以，（19）a 中 "他" 和 "冷水" 以及（19）b 中的 "她" 和 "算盘" 之间也就不允许 "吧""呀""啊" 等语气词的出现。

　　到目前为止，可以说一切还算顺利。然而，一旦把（38）考虑进来，就有些棘手了。

（38）a. 他数学最喜欢。

　　　b. 他吧，数学最喜欢。

　　　c. ＊他的数学最喜欢。

为什么（38）a、（38）b 是合法的，而（38）c 却不能被接受？这是因为和 "他的老师当得好" 这类句式相比，（38）这类句子有所不同，它实际上是一种对比结构，如（39）：

（39）a. 他数学最喜欢（语文不喜欢）

　　　b. ＊他的数学最喜欢（语文不喜欢）

---

① 根据 Huang, Li & Li（2009：85），"呀" 字可以插入动词与其宾语从句之间。

也就是说，如（39）a 所示，"他数学最喜欢"中"他"是一个话题，其辖域（scope）不仅包括"数学喜欢"，还包括"语文不喜欢"，如果重新分析成（39）b"他的数学最喜欢"，就丧失了对后面的句子的统辖，所以（39）a 不能进行重新分析并插入"的"。类似的例子还有很多，如：

（40）a. 他碗也不洗，饭也不做，就知道吃。

b. 他吧，碗也不洗，饭也不做，就知道吃。

c. *他的他碗也不洗，饭也不做，就知道吃。

接下来，我们再来看双音节"VO"式复杂动词的宾语实现情况。

双音节的"VO"式复杂动词的宾语有两种实现方式。第一种，出现在"VO"式复杂动词的宾语位置，如"关心"。这种实现方式的动因是"VO"式复杂动词以整体的身份向其宾语指派核心重音。但是，也有个别的双音节"VO"式复杂动词不能直接带宾语，如"吃醋"。我们不能说"*吃醋她"。这样一来，问题就产生了："关心"和"吃醋"音节相同，结构相似，而其宾语的实现却迥然不同，为什么会这样呢？

我们认为，这可能与词的重音类型有关。"吃醋"显然是一个右重的结构。如第四章所述，右重（抑扬格）的结构可以在核心重音的作用下较为容易地扩展为更大的韵律短语。如（41）所示：

（41）词重音（右重）　　　带核心重音的韵律短语

x　　　　　　　　　　　x

x　　⟶　　　x···x

AB　　　　　　　　　　AYB

"关心"类动词虽为 VO 格式，但其重音类型是左重。故而无法离析，如：

（42）a. 吃李小姐的醋

　　　b. *关李小姐的心

（43）a. *吃醋李小姐

　　　b. 关心李小姐

事实上，这类词有很多，再如：

（44）*关李四的心

（45）*小蒋八的心

（46）*着这项工作的手

（47）*得王五的罪

（48）*取赵六的笑

另外，还有一类词既可以左重也可以右重，如：

（49）a. 左重：谁负责这项任务？

　　　b. 右重：这事归他管，你负什么责？

也就是说，"负责"用作动词时是一个左重的结构，而用作短语时则成了右重的结构。我们不妨认为它是一个等重的结构，如第四章所言，"离合词的词重音模型需得是'非扬抑格'，即等重或者右重"。因此，它也符合离合的条件。故而有"离"和"合"两种状态。但由于它不是绝对的右重结构，其宾语可以出现在 VO 的后面，故而没有表现出伪领属特征。

本章小结

对于伪领属的推导，我们认为，它由核心重音指派而引发移位，"的"的插入最终导致其形成。

伪领属是核心重音作用的结果，但也不排除黏附组的作用。在"王市长的这条路修得好"句式中，"得"的黏附特征导致定指成分"这条路"提前，并最终导致了伪领属的形成。

"VO"式复杂动词的宾语实现方式较为特殊。右重的"VO"式复杂动词的宾语通常由两种方式实现：第一，与介词结合；第二，出现在 V 与 O 之间。后者能够通过插入"的"而形成类似伪领属的结构。

第六章　又一类伪定语现象——
状语定化

　　第四章和第五章主要谈了两类伪定语现象——伪名量和伪领属。事实上，除了以上两种伪定语之外，还有一类伪定语现象——状语定化。本章将主要讨论这类现象。

　　本章将分两节展开：第一节探讨状语定化的韵律动因；第二节讨论副词性状语的定化。

第一节　核心重音规则——状语
定化的韵律动因

　　所谓"状语定化"，是指一些语义上本应充当状语的成分却在形式上以定语的身份出现。如（1）中的例句：

　　（1）a. 走夜路

　　　　　b. 开夜车

　　　　　c. 洗冷水澡

　　　　　d. 吃开口饭

  e. 告地状①

  f. 打雪仗

  g. 吃白食

  h. 吃独食

  i. 打群架

  j. 拜晚年

  k. 喝倒彩

  l. 帮倒忙

  m. 喝喜酒

  n. 打零工

  显然，（1）中的定语与名词中心语之间并没有直接的语义关系。它们在语义上当是状语，如"走夜路"在语义上相当于"（在）夜里走路"，"开夜车"在语义上相当于"（在）夜里开车"，"洗冷水澡"在语义上相当于"用冷水洗澡"，"吃开口饭"在语义上相当于"靠开口吃饭"，"告地状"在语义上相当于"在地上告状"，"打雪仗"在语义上相当于"用雪打仗"，"吃白食"在语义上相当于"白吃（食）"，"吃独食"在语义上相当于"独吃食"，等等。这类现象至少有一点令人感到疑惑：这些语义上为状语的成分为什么会以定语的身份出现？

  以往文献中很少有对状语定化的专题研究，但一些关涉其他问题的探讨或可扩及此类现象，譬如动词核心移位的思想。下面我们首先探讨这一思想能否用于解释动词核心移位，之后再尝试给出解释。

  可以说，以往对伪定语相关现象的研究大多是在轻动词思想的

---

  ① 是指把自己的不幸遭遇写在地上，向路人诉说不幸的行为。

指导下进行的，如黄正德（Huang，1991，1994，1997，2005；黄正德，2004，2008）、邓思颖（Tang，1998；邓思颖，2008，2009，2010）等对主语定化的解释，黄正德（Huang，1991，1997）对宾语定化的解释，黄正德（2004，2008）对补语定化的解释。在这种背景下，人们难免会把动词核心移位思想推及状语定化。事实上，仔细考察以往的研究就会发现，这一想法早已在萌芽之中，譬如，冯胜利对空动词思想的运用，似乎就适用于对状语定化的解释。下文主要回顾冯胜利（2000a，2000b）的研究。

冯胜利（2000a，2000b）以动词融合的观点分析了"写毛笔"这类代体宾语现象。他提出，"写毛笔"的底层结构实为"用毛笔写（字）"，其中"用"是一个抽象的空动词，"字"是一个空代词。"写"移到空动词的位置，即可获得"写毛笔"，如（2）所示：

（2）

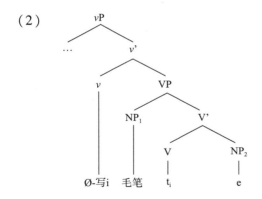

应当说，冯胜利这一思路极为巧妙。如果成立，则完全可以用来解释一部分状语定化的问题，如"走夜路"和"开夜车"，我们假定它们分别来自"（在）夜里走路""（在）夜里开车"，其中框式介词①"在……里"表现为空动词，以小写的 v 表示。如此一来，

_____

① 框式介词的概念参见刘丹青（2002）。

"走夜路"和"开夜车"的推导过程则分别如（3）、（4）所示：

（3）a. Ø 夜走路　　（深层结构）

　　　b. HM：Ø－走ᵢ夜 tᵢ路　　（动词核心移位）

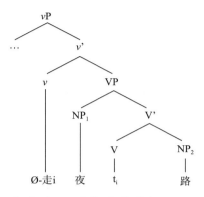

　　　c. SS：走夜路　　（表面结构）

（4）a. Ø 夜开车　　（深层结构）

　　　b. HM：Ø－开ᵢ夜 tᵢ车　　（动词核心移位）

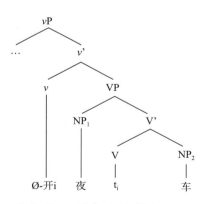

　　　c. SS：开夜车　　（表面结构）

很显然，冯胜利（2000a，2000b）这一方案，如果运用恰当，可以较好地解释状语定化现象。然而，有一个问题仍需解答，即状语定化的动因何在？这就需要结合核心重音的指派规则来回答。

我们知道，重音是分派给句子的信息焦点，核心重音是指派给句子的信息焦点。Ladd（1980：78）进一步指出，普通重音（即核心重音）是一种高调音（accent）的派置（placement），它允准尽可能宽的焦点示解（interpretation），即聚焦于句子的整体。Halliday（1967）、Jackendoff（1972）、Rochemont（1986）等也有类似的观点，如：

主音落在最后一个受焦成的高调音上（The tonic falls...on the last accented syllable of the item under focus）。（Halliday，1967：207）

若短语 P 为句子 S 的焦点，则 S 最高的重音将落在 P 中据常规重音规则指派最高重音的音节之上。（If a phrase P is chosen as the focus of a sentence S，the highest stress in S will be on the syllable of P that is assigned highest stress by the regular stress rules）（Jackendoff，1972：237）

高调音指派给 S 中受焦成分中最右的词汇范畴上（Assign an accent to the rightmost lexical category in the ［＋focus］ constituent in S）。（Rochemont，1986）

也就是说，重音、焦点是相互关联的。核心重音正是"广域焦点"所传达的新信息的韵律表现。正因如此，冯胜利（2013b）指出，"写毛笔"的核心重音结构是：

（5）a. ［v NP $_{轻}$ V e$_{（重）}$］

b. ［v 毛笔$_{轻}$写 e$_{（重）}$］

在其底层结构里，"NP 所处的上下文中的焦点性质（新信息），要求它必须重。于是'普通重音'跟'焦点重音'之间发生冲突"（冯胜利，2000b），触发动词"写"向左移位（到轻动词 v 的位置），造成［写－v 毛笔］的结果。"这种运作是以特定的语境为前提的：（1）常规宾语因为是旧信息而不出现；（2）代体宾语因为是新信息而成为焦点。语用的要求一方面需要突出代体宾语的地位，另一方面又要抑制常规宾语的作用，于是才造成这种焦点、韵律与句法三者之间的相互作用，于是才产生这种特殊的代体结构。"（冯胜利，2000b）

有了以上回顾，我们就可以对状语定化做出解释。下面以"开夜车"为例加以说明。首先，有些状语成分需要以新信息的形式出现，故而需要占据句尾位置，也就是说要表达"开夜车"这一语义，同时为了凸显新信息"（在）夜里"，我们可能需要"开车在夜里"这种表达式。然而，正如冯胜利（Feng，2003）所指出的，动词后介词短语（postverbal PP）出现在句尾是需要受到一定条件限制的。他给出的条件罗列如下。

第一，充当修饰语的介词短语绝对不能出现在动词后的位置上（Mulder & Sybesma，1992）。例如：

（6）＊他念书［在家/学校］。

第二，与（6）相比，作补语的介词短语则允许出现在动词之后。例如：

（7）a. 他想睡［在小床上］。
　　 b. ＊他想睡［在家］。

（7）a 和（7）b 的区别很明显：作修饰语的介词短语不能出现

在主要动词之后，作补语的介词短语才可以出现在动词后的位置上。

第三，作为补语的介词短语还可以出现在宾语之后。例如：

（8）a. 他放了一张纸［在那个杯子上］。

　　　b. 他写了一个字［在桌子上］。

第四，当句中没有出现主题－宾语（theme－object）（话题化或把字句中），即作补语的介词短语与动词相邻时，介词与动词之间不能插入其他成分。例如：

（9）a. ＊他放了［在椅子上］。

　　　b. 他放在了椅子上。

其中，"了"不能放在动词和介词之间。相反，要使句子合法，介词必须与动词组合为一个复杂动词（Li，1990）。

第五，动词后介词短语还可以出现在主题－宾语之前。不过，此时的介词宾语必须是代词（或定指性的名词短语），否则，句子要么不合法，要么非常拗口。请看例（10）：

（10）a. 他放［在那儿］很多书。

　　　b. 他挂［在那儿］很多上衣。

　　　c. ＊他放［在两张桌子上］很多书。

　　　d. ＊他挂［在好几个地方］很多上衣。

虽然（10）c、（10）d 的不合法程度在语感上有些差异，但（10）a、（10）b 和（10）c、（10）d 的合法与否显而易见（在一定的上下文环境中）。

第六，若主题－宾语是代词（或定指性的名词短语），［V pron PP］结构一般不合法。试比较：

(11) a. * 张三放了它在桌子上。

a′. 张三把它放在了桌子上。

b. * 张三放了那些书在桌子上。

b′. 张三把那些书放在桌子上。

也就是说，汉语中动词后介词短语的分布情况可简单概括如下：

i. 只有作补语的介词短语可以出现在动词之后；

ii. 若句子没有宾语，介词必须与动词绑在一起；

iii. ［V NP PP］和［V PP NP］结构都是合法的，但［V NP PP］结构中的动词宾语不能是代词（或定指性名词短语），而［V PP NP］结构中的介词宾语不能是代词（或定指性名词短语）。

为什么汉语中充当修饰成分的介词短语不能像英语那样，既可出现在动词之前，也可出现在动词之后？

Feng（2003）认为，这是韵律控制的句法现象，是由于核心重音原则的要求，即核心重音的指派必须在管辖范围之内（如动词管辖介词短语）。

首先，在 *［V PP］结构中，要么介词短语不能出现，要么介词必须归并，否则［V * PP］结构就不合法（即韵律－阻止效应）。

其次，在［V NP PP］结构中，充当宾语的名词短语不能是代词和定指性成分，而表处所的名词短语多为代词和定指性成分：

（12）［V ＊pron PP］

　　　［V NP P＋pron］

这就意味着，介词短语实际上处在一个非重读的位置上，而充当宾语的名词短语必须出现在重读位置，介词短语处在核心重音原则的辖域之外。也就是说，介词短语属于节律外成分。

（13）［［［…V NP］］_{VP}#PP］

也就是说，核心重音原则只在［V NP］内部发挥作用，而介词短语必须在核心重音原则的辖域之外。

简言之，动宾后表处所的介词短语要么必须被边缘化，要么必须移位到动词之前。

接下来再继续讨论"开夜车"。前文谈到，要表达"开夜车"这一语义，同时为了凸显新信息"（在）夜里"，则需要"开车在夜里"这样一个表达式。然而上文已经指出，介词短语"在夜里"出现在动词后，并无法承受核心重音，这时候，它要么被边缘化，要么必须移位到动词之前。显而易见，一旦被边缘化，变成节律外成分就无法实现传达新信息的目的，于是剩下的唯一选择就是出现在动词前。这样一来就有了"开夜车"。

事实上，这些语义上为状语的成分出现在定语位置，完全符合信息传达的要求。刘辉（2009）指出：

> 逻辑状语相对逻辑宾语是次要的事件分类维度，而如果逻辑状语进入了直接宾语的位置，由于该位置是事件次类的句法标志，逻辑状语的事件分类作用会因此而得到提高。除了直接

宾语位置的事件次类标志身份外，还有一个因素有利于提高错配成分的事件分类地位，那就是直接宾语位置和自然焦点构成了无标记组配（沈家煊，1999，§9.3.2），从而将错配成分也标记为需要高度注意的对象。概言之，状语定化现象的动因是逻辑状语通过错配得到焦点化，从而提高其在事件分类方面的地位。

也就是说，虽然"（在）夜里"不能出现在句尾的焦点位置，但它出现在句尾焦点的定语，也能提高其受关注的程度。

当然，以上只是解释了（1）a～（1）f的情况，也就是名词性状语的定化，而对于副词性状语的定化，如（1）g～（1）m，却并未做解释。这一点将在下一节展开。

第二节　副词性状语的定化

我们继续观察以下例句：①

（14）a. 吃白食

b. 吃独食

c. 打群架

d. 拜晚年

e. 喝倒彩

---

① 除这些例句以外，杨书俊（2005）、李慧（2012）、孟凯（2016）还收集到以下语例：帮倒忙、炒冷饭、吃白饭、吃白食、吃长斋、吃独食、吃干醋、吃干饭、吃讲茶、吃偏饭、吃偏食、吃闲饭、出远门、打边鼓、打黑枪、打冷枪、打群架、打雪仗、打硬仗、打嘴仗、读死书、放暗箭、放冷箭、喊倒好儿、喝花酒、喝闷酒、喝倒彩、怀鬼胎、降半旗、开倒车、开黑店、开夜车、夸海口、拉偏架、拉偏手儿、迈方步、跑旱船、敲边鼓、请春客、守活寡、睡大觉、睡懒觉、说瞎话、说闲话、装洋蒜等。

　　f. 帮倒忙

　　g. 喝喜酒

　　h. 打零工

　　读者可能已经注意到，这类结构有一个共同的特点，那就是三音节。以往的研究对这类现象曾多有关注，如吕叔湘（1963）、周荐（2004）、杨书俊（2005）、李慧（2012）、孟凯（2016）等。他们指出，这类结构其实是由一个单音成分 B 插入双音动宾式 AC 形成的。至于为什么单音成分 B 插入双音成分 AC 之中会构成［1＋2］动（定）宾式，孟凯（2016）给出了如下解释：

　　　　首先，单音成分 B 没有与双音成分 AC 构成［1＋2］状中式的原因主要在于：1）三音词语是以双音动宾式 AC 为基底构造的，有些［1＋2］动宾式尚有对应的［1＋2］偏正式，如"白吃饭、偏吃饭、闲吃饭、死读书、倒喊好儿、瞎说话"；而有些则没有对应的［1＋2］偏正式，如"＊花喝酒、＊黑打枪、＊方迈步、＊旱跑船、＊懒睡觉、＊洋装蒜"等都不能说；有些虽有对应的［1＋2］偏正式，如"干吃醋、鬼怀胎、边敲鼓"，但意义与［1＋2］动宾式截然不同。2）动宾结构规约性喻义（如"吃偏饭"的"比喻得到特别的照顾"义）选择用什么方式表达，还是会以动宾结构为优选，而状中式体现更多的是修饰关系，多用于表达成分间组合性的修饰义。

　　　　其次，单音成分 B 没有与双音成分 AC 构成［2＋1］动（宾）补式的原因则与动宾结构的特点有关。尽管"帮忙、吃饭、出门、读书、喝酒、开车、说话、睡觉"等双音动宾式都是现代汉语常用双音节，时常紧邻出现，但其同时也都是使用频率很高的离合结构，其间插入其他语言成分不足为奇，如

"帮个忙、吃午饭、出趟门、读完书、喝两瓶酒、开了车、说十分钟话、睡一觉"。单音成分 B 若要与双音动宾式 AC 构成具有动补关系的三音词语，也应该插入双音节之中，而不是居于双音节之后。因此，"吃饭偏"这样的形式几乎是不可能出现的。

再次，单音成分 B 插入双音成分 AC 之中却没有构成［2＋1］动（补）宾式，而必须构成［1＋2］动（定）宾式的原因在于，一般而言，插入离合结构与动词性成分形成动补关系的成分多为结构助词（了、着、过）、结果补语（完、好、懂）、动量词（趟、次）、时量成分（十分钟、一会儿）等，能充当补足语的形容词性成分主要是"完、好、下"等，"偏、闲、独、闷、夜、懒"等形容词性或名词性成分一般不做动词性成分的补足语，即使充当补足语，所能搭配的动词也比较有限，如"跑偏、（字）写偏"，且这些形容词性或名词性成分往往多与其后的名词性成分先结合成定中结构，如"吃午饭、耍花招"中的"午饭、花招"。因此，单音成分 B 没有先与前位的动词性成分结合成动补结构 AB 再去与 C 构造［2＋1］动（补）宾式。

最后，单音成分 B 插入双音成分 AC 构成的动宾式三音词语的语法和语义结构都应是［1＋1＋1］，因为"偏"类单音成分与"饭"类宾语成分并非如一般的［1＋2］动宾式三音词语中的后两个成分那样，是个名词（短语），如"得人心、打招呼、见世面、哭鼻子、拉关系"中的"人心、招呼、世面、鼻子、关系"，"偏"与"饭"其实是没有语义关系的两个独立成分（李慧，2012）。按理说，"吃偏饭"类动宾式选择与其语法和语义结构对应的［1＋1＋1］韵律最理想，但事实是，其韵律是［1＋2］。为什么不能是［1＋1＋1］呢？因为［1＋1＋1］的三音词语基本都是联合式（老大难）、补充式（赶不上）的，

[1 + 1 + 1] 不具有构造动宾式的韵律制约效应（prosodic effect）。既然这个动宾式三音词语既不能是 [2 + 1] 动（补）宾式，也不能是 [1 + 1 + 1] 式，那么，它只能是 [1 + 2] 动宾式。

也就是说，韵律效应在其中起了很大作用。另外，李慧（2012）指出经济原则在其中的作用："当一个事件出现了新的元素，则会反映在语言形式上。在这一过程中，语言的经济原则起到重要作用。比如表示'心情不好时喝酒'，不是用一句话表示，而是选取表示'心情不好'的'闷'，嵌入到'喝酒'中，从而形成一个简单的语言形式——'喝闷酒'。"

除了韵律和经济原则之外，孟凯（2016）还指出：

> 名词性复合词的强势语义模式为"提示特征 + 事物类"（董秀芳，2004：132 ~ 136），嵌入成分与名词性成分并不是"提示特征 + 事物类"的语义关系，但是由于嵌入成分处于定语位置，很容易被看作名词性成分的修饰成分。受名词性复合词强势语义模式的影响，人们倾向于将嵌入成分看作是提示特征……

也就是说，副词性状语进入定语位置是为了提高自己的受关注度。这与上一节提及的刘辉（2009）的观点如出一辙。

至于状语成分何以能够进入定语位置，这里不妨多说几句。汉语的词具有根性特征，虽然以往的研究没有明确提出，但已多有涉及，而且对汉语动词与名词两类词的根性论述已颇为透辟。鉴于各语言中诸如介词、代词、连词等虚词类成分本身少有形态范畴，多以根性形式呈现，我们对汉语词根性的讨论主要围绕动词、名词、形容词三大词类展开。

先看动词。Huang, Li & Li（2009：62–63）指出，汉语直接以光杆词根（bare root）为动词。据此，他们提出动词词汇－语义分解理论（theory of lexico–semantic decomposition）：

（15）$V \in \{ (\sqrt{}), [Lv_1\sqrt{}], [Lv_2\sqrt{}], [Lv_2 [Lv_1\sqrt{}]] \}$，其中只有汉语可以选择 $V = \sqrt{}$。

（16）令 E 代表动态事件，S 代表状态，R 代表关系，那么：

a. Lv_1 标示非外力促成的事件类型，可大致描述为"进入'状态 S'"或"进入'关系 R'"，一个进入状态或关系的参与者通常可被诠释为主事（Theme）。

b. Lv_2 标示外力促成的事件类型，可大致描述为"引起'动态事件 E'"或者"引起'关系 R'"，外在的原因，即所谓的施事（Agent）[或许更确切地说，应该叫发起者（Originator）（van Voorst, 1988；Borer, 2005）]，暗含在 Lv_2 之中，但它不是 V 的论元，原因是作为外部因素，它并没有概念化为 V 所描述论元的一部分。

c. "动态事件 E"、"状态 S"、"关系 R"等其他固有参与者，则以可选的题元角色或者必须的题元角色表现，皆由 $\sqrt{}$ 决定。

d. Lv 的选取不得与已经在词根中编码的事件类型相冲突。

（17）由（16）所产生的参与者信息必须满足题元准则。

其主要观点是一个动词由词根（lexical root）和少量事件类型标记（event/situation type，下文简写为 ST）组成。词根把相应的事件概念化，包含了所有与之相关的参与者信息。而类型标记的作用是分拣出与事件类型直接相关的参与者信息。也就是说，一般的语言中，动词是由词根（lexical root）"√"和少量事件类型标记（type of event）组成，词根把相应的事件概念化。而类型标记的作用是分拣出与事件类型直接相关的参与者信息。

孙天琦、李亚非（2010）进一步指出，汉语动词的宾语位置不但能容纳各种类型的必有成分，也能允许工具、材料、方式、处所、时间以及一些很难用现有语义角色概括的非核心成分进入，如：

（18）a. 写毛笔、聊 QQ、缠纱布

　　　b. 刷油漆、铺大理石、包猪肉馅

　　　c. 织正针、寄特快、唱美声

　　　d. 坐沙发、走主路、跑广州

　　　e. 休礼拜天、踢上半场、打下半场

　　　f. 吃父母、吃公款、吃救济

　　　g. 哭周瑜

　　　h. 跑贷款

　　　i. 吃文化、穿款式、卖信誉

他们指出，之所以这样是因为以汉语为代表的少数语言的独特之处在于汉语允许词汇动词中只有词根，而没有任何类型标记（孙天琦、李亚非，2010）。这样一来，汉语的动词就好像失去了外壳，把所有编码在词根中的参与者信息都暴露给了句法，所有能得到语义解释的参与者都有可能进入句法操作环节而成为论元。

汉语名词的根性问题，在以往的研究中亦有谈及。如沈家煊（2009，2013）指出，汉语名词入句充当指称语的时候，不像印欧语那样有一个"指称化"的过程。其例证如：

（19）老虎是危险动物。

Tigers are dangerous animals. / *The tiger* is a dangerous animal.

（20）老虎笼子里睡觉呢。

The tiger is sleeping in the cage. / *The tigers* are sleeping in the cage.

（21）他昨天终于看见老虎了。

He saw *the tiger*（*s*）/*a tiger/tigers* at last yesterday.

其中，（19）中的"老虎"是类指，指一类动物；（20）中的"老虎"是定指，指某一只或某一些老虎；（21）中的"老虎"根据不同的上下文可以是定指、不定指、类指。在汉语中，光杆名词"老虎"可以直接充当各种类型的指称语，而英语不能光用 tiger，要变为 the tiger（s）、a tiger、tigers 等不同的形式。

沈先生还强调，著名的形式语义学家 Chierchia（1985，1998）早已提出，从词库（lexicon）里取出来的名词是光杆名词，不同语言里光杆名词的语义类型分为三类，以法语、英语和汉语为代表：

（22）法语：［－arg］［＋pred］

英语：［＋arg］［＋pred］

汉语：［＋arg］［－pred］

［±arg］表示能否作主目（argument），主要指能否作主宾语，［±pred］表示是否是性质函项（predicate function）。能直接作主目的成分在语义类型上属于个体 e（entity）。汉语光杆名词可以直接作主宾语，语义类型是个体 e；法语光杆名词不能直接作主宾语，语义

类型是性质函项＜e，t＞；英语光杆名词的语义类型是汉语型和法语型的混合，光杆名词一般是性质函项＜e，t＞，但是它的复数形式可以直接作主宾语，是个体 e。法语仅次于英语，光杆名词要进入主宾语的位置需经过语义类型的转化（type shift），即从性质函项转化为个体，汉语的光杆名词进入主宾语的位置不需要这样的转化，因为它本来就是个体。

由此不难看出，汉语名词和动词一样独特：只有词根，而没有任何类型标记。

不仅汉语的名词、动词具有根性，形容词也是如此。我们之所以这样说，主要出于两方面的考虑。

首先，根据朱德熙（1982：73），汉语形容词用于描写通常需要借助于重叠、修饰、后缀或 "f＋形容词＋的" 结构等额外的辅助手段来实现，如 "小小的" "干干净净的" "冰凉" "粉碎" "黑乎乎" "很高（的）"。对于这一点，我们可以通过下面的例句得到更深入的体会：

（23）a. ＊张三高。

b. 张三很高。

c. 张三高高的。

d. 张三高，李四矮。

朱德熙将这些借助于辅助手段构成的形容词称为状态形容词；而把那些改造之前的形容词称为性质形容词。性质形容词只能单纯表示属性，而状态形容词才有明显的描写性。也就是说，要描写或表达 "张三高" 这一意思，在实际话语中，我们不能简单地说 "张三高"，而要说 "张三很高" 或者 "张三高高的" ［当然也可以像（14）d 那样通过比较来传达］。这就从侧面说明，汉语形容词的单独使用难以像英语的形容词那样完成其描写功能。

其次，Ross（1983，1984）、McCawley（1992）、Tan（1993）等从跨语言角度展开研究，发现汉语形容词无法充分满足形容词的跨语言共性特征，无论是从句法表现还是从构词法上都无法与动词区分开来。另外，Chao（1968）、Li & Thompson（1981）等也都认为汉语形容词是动词的一个次类。

如此看来，汉语的形容词自然也应具有根性特征（因为汉语的动词有根性特征）。汉语形容词如果在句法结构上单独出现（即不与"很"等一起出现），则应当被视作根性词。

第一点表明汉语形容词缺少形态范畴，且描写性通常很弱，无法表明自身的语法意义，第二点则进一步说明汉语形容词与其他词类的界限模糊——汉语中多数形容词通常无须任何标记就能较为自由地转化为动词、副词，甚至名词，而要用形容词描述时却需要额外的辅助手段。也就是说，汉语的形容词（以及动词）从词库中出来的时候实际上是裸露的词根，很多时候根本无法判定它们是副词还是形容词。而句法树上恰恰提供了多个供其插入的位置，是以有了多种不同的结果。

其中，对汉语的形容词而言，最常见的位置自然是状语位置和定语位置，而且它们可以直接插入，无须过多的推导步骤。以"喝喜酒"为例：

（24）词库：喜、喝、酒……

从词库出来后，这些词在句法树上找到了各自的位置，其选择有二：第一种，插入 V' 的位置，作其状语；第二种，插入 NP 的定语位置。分别如（25）、（26）所示：

（25）
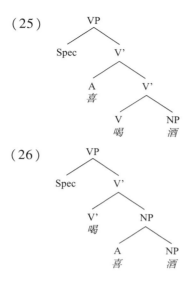

（26）

当然，两种结果在信息传达上并不相同，如果插入的是状语位置，则表明"喜"是旧信息，"喝酒"是新信息，强调喝酒；而"喝喜酒"则表明"喜"是新信息，强调"喜"。两者高下立判。

本章小结

作为伪定语的一种形式，"状语定化"现象是汉语中一类较为特殊的语法现象。要对这类现象做出解释，必须解决至少两方面的问题，一个是为什么状语成分会进入动词宾语的定语位置；另一个是它们如何进入这一位置。本章对此解释为信息传达的要求，当这一要求无法为核心重音规则所容时，则转而进入核心重音承载成分的定语位置。

另外不容忽视的一点是，状语定化的形成还与动词的音节有关（孟凯，2016）。对副词性状语的定化而言尤其如此，动词后的成分（包括定化后的副词性状语）一般有两个音节，最多三个音节，绝不会超过四个音节。

第七章　结语

近年来，汉语中的伪定语现象已引起学者们普遍的兴趣和广泛的关注，学界多位著名学者都有参与，如黄正德（2004，2008）、沈家煊（2007）、Huang，Li & Li（2009）、刘礼进（2009）、邓思颖（2009，2010）等。以往对汉语伪定语的研究得失兼有，但总体而言，以往的研究主要还是在句法的框架内进行的，虽然程工（2015）、Zhuang（2017）等涉及韵律，但普遍对韵律在这一推导过程中的作用强调不够。

本研究在冯胜利所倡导的韵律语法框架内再次考察伪定语现象，重新审视汉语的伪定语现象，最后发现汉语伪定语产生的根本动因实为韵律。

我们比较肯定的一点是伪定语现象由核心重音的指派需要引发，并分伪领属、伪名量、状语定化三类对伪定语现象做出解释。

首先，对于伪名量的推导，我们的解释是，由于核心重音问题，期间短语以及频率短语无法在原位置实现，而只能隐退或出现在他处，其中一种便是出现在定语位置。以"他卖了三年的鱼"为例，由于"三年"无法在宾语后的位置出现，只能隐退或出现在他处。如果出现在定语位置，则形成伪名量，而"的"的作用是组建黏附组，以此来保证形式与意义的匹配。事实上，核心重音不仅在伪名量的推导中起到重要的作用，在离合词的离析中也有着不可忽略的作用。而这恰恰导致了"睡了两个小时的觉"这类句式的形成。

其次，伪领属的推导过程中，核心重音的作用也不容忽略。以"他的老师当得好"为例，由于"老师"无法在原位置得到核心重音，只能选择隐退或出现在他处。若它出现于焦点位置，则势必会引发焦点重建。这时候只能通过"的"的黏附作用组建黏附组来保证句法结构与韵律结构的匹配。另外，核心重音导致了"泼他的冷水"类三音节"VO"式复杂动词以及后重的双音节"VO"式复杂动词的宾语以伪定语的形式出现。当然，在伪定语的形成过程中，不得不考虑到"得"和"的"的黏附性，前者导致"V-得"结构中V的宾语无法在V后实现，从而造成"＊王市长修这条路得好"这类句式不能说，而可以说"王市长这条路修得好"；"的"的插入则在"王市长这条路修得好"这一句的基础上进一步派生出"王市长的这条路修得好"这一伪定语形式。

最后，状语定化主要是出于信息传达的需要，状语成分为获得关注需要出现在句尾，然而，汉语的核心重音规则不允许它获得核心重音。权衡之下，最后这些状语成分进入了承载核心重音名词的定语位置。

伪定语的研究意义重大，主要表现在理论意义和应用价值两个方面。

本研究主要有以下理论意义。

（1）透过个别现象反观语言共性。在语言个性中寻找语言共性是生成语法研究的重要路向。在语言研究中常常会有这样的事情发生：某种现象只见于一种或少数几种语言，但它对揭示这一现象背后的某种语言共性的东西却有着重要的意义和价值，在发掘某些隐性的语言本质方面，有着难以企及的优越性。这一点在以往的研究中已多有证实。虽然伪定语现象主要见于现代汉语，但深入了解这一现象，必然有助于进一步探索语言的共性。

（2）探讨伪定语的本质，反思以往研究中存在的问题。汉语伪定语现象并不单纯是句法运作的结果，不同伪定语的推导还牵涉不同的制约机制，如韵律规整、信息结构，以及历史因素等。以往对这类现象的研究多是运用单一视角，把各种伪定语现象放到一起，给出一个统一的解释。然而，统一解释的背后是对个性的扼杀。这种做法无异于掩盖了个别伪定语现象的特有推导机制。因此，要对伪定语问题做出恰当解释，则必须将各种伪定语现象进行进一步分类，采用多维视角考察并给出解释。

（3）为探讨伪定语现象打开新的研究思路——多维视角。各种伪定语虽然表面类似，但其产生机制不尽相同，不宜一概而论。在其推导过程中，由于句法、韵律、信息结构等各种因素错综交织，纷繁复杂，要揭示其内部的运作机制，单一层面的研究是不够的，而必须综合多方面的因素，统筹兼顾，全面考察，如此方能做出恰当的解释。本研究基于生成语法，兼顾韵律、历史、信息结构等因素，是近年来研究的一条新思路。

在实际应用价值方面主要体现为以下两点。

（1）汉语教学。伪定语现象在汉语教学中一直都是被关注的热点，然而直到今天，教师只能告诉学生"应该如此理解"，而不能解释"为什么如此理解"。本研究的重要性不言而喻。另外，本研究还能为汉语教学提供理论指导、教学策略、方法指导和教学素材。

（2）语言信息处理。伪定语现象的研究成果可以直接（或间接）应用到汉语分词、词性标注、句法分析、词义消歧、机器翻译、语言模型建立、语料库技术、信息检索、信息抽取等多个方面。毋庸赘言，本研究对自然语言处理具有重要价值。

参考文献

卜文强，1991，《"Ns + V + Nat + 的 + No"句式》，《山东师范大学学报》（社会科学版）第 1 期。

蔡淑美，2010，《特殊与格结构"V + X + 的 + O"的语义性质和句法构造》，《世界汉语教学》第 3 期。

陈昌来，2002，《现代汉语动词的句法语义属性研究》，学林出版社。

陈虎，2001，《汉语"得"字补语结构新探》，《解放军外国语学院学报》第 2 期。

程工、熊建国、周光磊，2015，《分布式形态学框架下的汉语准定语句研究》，《语言科学》第 3 期。

邓思颖，2000，《自然语言的词序和短语结构理论》，《当代语言学》第 3 期。

邓思颖，2008，《"形义错配"与名物化的参数分析》，《汉语学报》第 4 期。

邓思颖，2009，《"他的老师当得好"及汉语方言的名物化》，《语言科学》第 3 期。

邓思颖，2010，《"形义错配"及汉英的差异——再谈"他的老师当得好"》，《语言教学与研究》第 3 期。

刁晏斌，1998，《也谈"动宾式动词 + 宾语"形式》，《语文建设》

第 6 期。

丁声树、吕叔湘、李荣、孙德宣、管燮初、傅婧、黄盛璋、陈治文，
　　1961，《现代汉语语法讲话》，商务印书馆。

丁喜霞、原雪梅，1998，《对"动宾式动词 + 宾语"句式增多的思
　　考》，《语文建设》第 3 期。

董秀芳，2004，《汉语的词库与词法》，北京大学出版社。

董秀芳，2011，《词汇化：汉语双音词的衍生和发展》（修订本），
　　商务印书馆。

范晓，1993，《复动"V 得"句》，《语言教学与研究》第 4 期。

范晓，2001，《关于汉语的语序问题》，《汉语学习》第 5 期。

范晓，2003，《说语义成分》，《汉语学习》第 1 期。

冯胜利，1997，《汉语的韵律、词法与句法》，北京大学出版社。

冯胜利，2000a，《汉语韵律句法学》，上海教育出版社。

冯胜利，2000b，《"写毛笔"与韵律促发的动词并入》，《语言教学
　　与研究》第 1 期。

冯胜利，2001a，《从韵律看汉语"词""语"分流之大界》，《中国
　　语文》第 1 期。

冯胜利，2001b，《论汉语词的多维性》，《当代语言学》第 3 期。

冯胜利，2002a，《汉语动补结构来源的句法分析》，《语言学论丛》
　　第 26 辑。

冯胜利，2002b，《韵律构词与韵律句法之间的交互作用》，《中国语
　　文》第 6 期。

冯胜利，2004，《动宾倒置与韵律构词法》，《语言科学》第 3 期。

冯胜利，2005，《汉语韵律语法研究》，北京大学出版社。

冯胜利，2013a，《汉语韵律句法学》（增订版），商务印书馆。

冯胜利，2013b，《汉语的核心重音》，《中国语学》第 260 号。

冯胜利，2016，《汉语的韵律语法问答》，北京语言大学出版社。

冯胜利，2017，《汉语句法、重音、语调相互作用的语法效应》，《语言教学与研究》第 3 期。

傅满义，2003，《浅析定语的语义指向及相关问题》，《阜阳师范学院学报》（社会科学版）第 5 期。

高更生，1998，《"动宾式动词 + 宾语"的搭配规律》，《语文建设》第 6 期。

郭锐，2011，《同形删略和离合词、不完整词》，第三届"两岸三地"句法语义小型论坛论文，中国社会科学院语言研究所。

韩巍峰、梅德明，2011，《形义错配结构及其主题化分析》，《外国语》第 3 期。

郝静、贺麟茜，2012，《准定语"N1 + 的 + N2 + V + 得 + R"句式的构式语法分析》，《佳木斯教育学院学报》第 1 期。

何元建，1995，《X 标杆理论与汉语短语结构》，《国外语言学》第 2 期。

何元建、王玲玲，2007，《论汉语中的名物化结构》，《汉语学习》第 1 期。

胡建华，2016，《"他的老师当得好"与论元的选择——语法中的显著性和局部性》，《世界汉语教学》第 4 期。

华玉明，1997，《试探动宾动词加宾语流行的根由》，《语文建设》第 10 期。

黄伯荣、廖序东，2002，《现代汉语（下）》（第三版），高等教育出版社。

黄国营，1981，《伪定语和准定语》，《语言教学与研究》第 4 期。

黄国营，1982，《"的"字的句法、语义功能》，《语言研究》第 1 期。

黄梅、庄会彬、冯胜利，2017，《韵律促发下的重新分析——论离合词的产生机制》，《语言科学》第 2 期。

黄正德，2004，《他的老师当得好》，纪念吕叔湘先生百年诞辰学术研讨会论文，北京。

黄正德，2008，《从"他的老师当得好"谈起》，《语言科学》第3期。

金镇宇，1999，《从静态、动态的角度看短语和句子的差异》，《汉语学习》第6期。

黎锦熙，1924，《新著国语文法》，商务印书馆。

李桂梅，2009，《领格宾语构式"VN 的 O"探析》，《汉语学习》第3期。

李慧，2012，《嵌入式语块的构成及语义发展》，《汉语学习》第4期。

李锦望，1993，《人称代词和指人名词的组合及其结构、语义分析》，《渤海学刊》第3期。

李浚平，1984，《试析带"得"动补结构的多义现象》，《昆明师专学报》第3期。亦见北京语言学院语言教学研究所编《现代汉语补语研究资料》，北京语言学院出版社，1992。

李临定，1983，《宾语使用情况考察》，《语文研究》第2期。

李临定，1986，《现代汉语句型》，商务印书馆。

李临定，2000，《现代汉语实用标词类词典》，山西教育出版社。

李敏，1997，《关于定语的几个问题》，《烟台师范学院学报》（哲学社会科学版）第2期。

李敏，2006，《论语法分析方法的创新与歧义研究的深化》，《聊城大学学报》（社会科学版）第2期。

李绍群，2010，《现代汉语"名 1 +（的）+名 2"定中结构非典型领属关系研究》，《内蒙古民族大学学报》第4期。

李艳惠，2008，《短语结构与语类标记："的"是中心词?》，《当代语言学》第2期。

凌德祥，1999，《试论双音节动宾式动词带宾语的基本规律》，《汉语学习》第 5 期。

刘大为，1998，《关于动宾带宾现象的一些思考（下）》，《语文建设》第 3 期。

刘丹青，2002，《汉语中的框式介词》，《当代语言学》第 4 期。

刘公望，1984，《试析"的"的几种特殊用法》，《兰州大学学报》第 2 期。

刘辉，2009，《现代汉语事件量词的语义和句法》，博士学位论文，上海师范大学。

刘礼进，2009，《也谈"NP1 的 NP2 + V 得 R"的生成》，《外国语》第 3 期。

刘云、李晋霞，1998，《"动宾式动词 + 宾语"的变换形式及宾语的语义类型》，《江汉大学学报》第 5 期。

陆俭明，2003a，《对"NP + 的 + VP"结构的重新认识》，《中国语文》第 5 期。

陆俭明，2003b，《现代汉语语法研究教程》，北京大学出版社。

陆汝占、靳光瑾，1996，《领属关系与逻辑语义解释——兼议形式化方法》，《世界汉语教学》第 1 期。

吕叔湘，1963，《现代汉语单双音节问题初探》，《中国语文》第 1 期。

吕叔湘，1965，《语文札记》，《中国语文》第 4 期。亦见《吕叔湘全集》（第六卷），辽宁教育出版社。

吕叔湘，1984，《领格表受事及其他》，载《语文杂记》，上海教育出版社。

罗昕如，1998，《"动宾式动词 + 宾语"规律探究》，《语文建设》第 5 期。

马建忠，1898/1998，《马氏文通》，商务印书馆。

梅广，1978，《国语语法的动词组补语》，载《屈万里先生七秩荣庆论文集》，联经出版社。

孟凯，2016，《三音词语的韵律－结构－语义界面调适——兼论汉语词法的界面关系》，《中国语文》第 3 期

缪锦安，1990，《汉语的语义结构和补语形式》，上海外语教育出版社。

聂志平，1992，《有关"得"字句的几个问题》，《辽宁师范大学学报》（社会科学版）第 3 期。

潘海华、陆烁，2011，《从"他的老师当得好"看句法中重新分析的必要性》，《语言研究》第 2 期。

潘海华、叶狂，2015，《离合词和同源宾语结构》，《当代语言学》第 3 期。

彭兰玉，2001，《非典型性定语二题》，《衡阳师范学院学报》（社会科学版）第 2 期。

彭兰玉，2005，《"N₁ 的 N₂"中的非典型性定语》，《湖南大学学报》（社会科学版）第 2 期。

戋书新，2004，《也谈"N1 + N2"结构中"的"之使用规律》，《南昌大学学报》（人文社会科学版）第 6 期。

戋书新，2005，《名词性偏正结构的非原型范畴》，《南昌大学学报》（人文社会科学版）第 3 期。

曲凤荣，2002，《助词"de"的特殊语法功能》，《哈尔滨学院学报》第 4 期。

饶长溶，1984，《动宾组合带宾语》，《中国语文》第 6 期。

邵敬敏，2009，《从准定语看结构重组的三个原则》，《山西大学学报》（哲学社会科学版）第 1 期。

沈家煊，2007，《也谈"他的老师当得好"及相关句式》，《现代中国语研究》第 9 期。

沈家煊，2009，《我只是接着向前跨了半步——再谈汉语的名词和动词》，《语言学论丛》第 40 辑。

沈家煊，2013，《"名动包含"的论证和好处》，第十一届全国语言学暑期高级讲习班讲稿，中国人民大学。

施关淦，1985，《关于助词"得"的几个问题》，《语法研究和探索》第 3 期，北京大学出版社。

施茂枝，1999，《述宾复合词的语法特点》，《语言教学与研究》第 1 期。

石毓智，2001，《汉语的主语与话题之辨》，《语言研究》第 2 期。

石毓智，2006，《语法化的动因与机制》，北京大学出版社。

史金生、邝艳，2010，《"他的老师当得好"句式的形成机制》，《汉语学习》第 5 期。

司富珍，2002，《汉语的标句词"的"及相关的句法问题》，《语言教学与研究》第 2 期。

司富珍，2004，《中心语理论和汉语的 DeP》，《当代语言学》第 1 期。

宋玉柱，1981，《现代汉语语法论集》，天津人民出版社。

孙德金，1999，《现代汉语"V + Dw + 的 + O"格式的句法语义研究》，载陆俭明编《面临新世纪挑战的现代汉语语法研究》，山东教育出版社。

孙天琦、李亚非，2010，《汉语非核心论元允准结构初探》，《中国语文》第 1 期。

汤志真，1993，《汉语动后成分的分布与限制》，《历史语言研究所集刊》第 63 本第 2 分。

汪惠迪，1997，《"动宾式动词 + 宾语"规律何在》，《语文建设》第 8 期。

王力，1943，《中国现代语法》，商务印书馆。

王茂林，2005，《汉语自然话语韵律组块的优选论分析》，《暨南学报》（哲学社会科学版）第 4 期。

吴刚，2000，《汉语"的字词组"的句法研究》，《现代外语》第 1 期。

吴怀成，2007，《"PP + 的 + N + V + 得 + RC"结构浅析》，《语文知识》第 2 期。

吴怀成，2008，《"准定语 + N + V 得 R"句式的产生机制》，《语言科学》第 2 期。

吴垠，2007，《再论现代修辞学的创新与发展》，《江汉大学学报》（人文科学版）第 1 期。

吴早生，2012，《现代汉语光杆被领者的指称性质》，《语文研究》第 1 期。

萧国政，1986，《隐蔽性施事定语》，《语文研究》第 4 期。

萧国政，2010，《"语法三个世界"研究及修辞关联》，《福建师范大学学报》（哲学社会科学版）第 4 期。

熊仲儒，2005，《以"的"为核心的 DP 结构》，《当代语言学》第 2 期。

熊仲儒，2008，《语音结构与名词短语内部功能范畴的句法位置》，《中国语文》第 6 期。

许德楠，1988，《双宾同指与双宾异指》，《语言教学与研究》第 2 期。

许歆媛、潘海华，2014，《"他的老师当得好"的生成路径探析》，《现代外语》第 4 期。

晏鸿鸣，1999，《现代汉语中起补充作用的文言表达句式——"动宾式动词带宾语"问题之我见》，《江汉大学学报》第 5 期。

杨海明，2001，《"VO + N"与语义、结构的兼容与冲突——汉语动宾组合带宾语结构中的语义问题》，《汉语学习》第 1 期。

杨寿勋，1998，《"得"的生成语法研究》，《现代外语》第 1 期。

杨书俊，2005，《三音节"V 单 + X + N 单"构词分析》，《汉语学报》第 4 期。

杨炎华，2013，《汉语中的准定语及其两类"相关"句式》，《语文研究》第 2 期。

杨炎华，2014，《"他的老师当得好"的重新审视》，《当代语言学》第 4 期。

袁毓林，1989，《准双向动词研究》，《语言研究》第 1 期。

袁毓林，1998a，《汉语动词的配价研究》，江西教育出版社。

袁毓林，1998b，《语言信息的编码和生物信息的编码之比较》，《当代语言学》第 2 期。

张伯江，1994a，《汉语句法的功能透视》，《汉语学习》第 3 期。

张伯江，1994b，《领属结构的语义构成》，《语言教学与研究》第 2 期。

张伯江、方梅，1996，《汉语功能语法研究》，江西教育出版社。

张理明，1982，《论短语动词》，《语文研究》第 1 期。

张念武，2006，《"的字词组"的句法分析》，《外语学刊》第 2 期。

张其昀，1996，《"名₁ + 的 + 名₂ + 动 + 补"句式探析》，《盐城师专学报》（哲学社会科学版）第 3 期。

张云徽，1996，《汉语两种特殊句式论析》，《许昌师专学报》第 2 期。

张志公，1953，《汉语语法常识》，上海教育出版社。

赵金铭，1984，《能扩展的"动 + 名"格式的讨论》，《语言教学与研究》第 2 期。

周红，2003，《动宾式动词配价分析》，《齐齐哈尔大学学报》第 3 期。

周荐，2004，《汉语词汇结构论》，上海辞书出版社。

朱德熙，1961，《说"的"》，《中国语文》第 12 期。

朱德熙，1982，《语法讲义》，商务印书馆。

朱德熙，1985，《语法答问》，商务印书馆。

朱德熙，1993，《关于"的"字研究的一点感想——在中国语言学会第六届学术年会上的书面发言》，《中国语文》第 4 期。

庄会彬，2015，《汉语的句法词》，北京语言大学出版社。

庄会彬、刘振前，2012，《"的"的韵律语法研究》，《汉语学习》第 3 期。

Abney, S. 1987. *The English Noun Phrase in Its Sentential Aspect*. Doctoral Dissertation, MIT.

Ackema, P. 1999. *Issues in Morphosyntax*. Amsterdam: Benjamins.

Aoun, J. & Sportiche, D. 1983. "On the Formal Theory of Government." *Linguistic Review* 2: 211 – 236.

Avrutin, S. 1999. *Development of the Syntax-Discourse Interface*. Dordrecht: Kluwer.

Baker, M. C. 1988. *Incorporation: A Theory of Grammatical Function Changing*. Chicago: University of Chicago Press.

Baltin, M. & Postal, P. M. 1996. "Remarks and replies: more on reanalysis hypotheses." *Linguistic Inquiry* 27 (1): 127 – 145.

Bolinger, D. 1972. "Accent is predictable (if you're a mind-reader)" *Language* 48: 633 – 644.

Casielles-Suarez, E. 2004. *The Syntax-Information Structure Interface: Evidence from Spanish and English*. New York: Routledge.

Chao, Y. - R. 1968. *A Grammar of Spoken Chinese*. Berkeley: University of California Press.

Chierchia, G. 1985. "Formal semantics and the grammar of predication." *Linguistic Inquiry* 16 (3): 417 – 443.

Chierchia, G. 1998. "Plurality of mass nouns and the notion of 'semantic parameter'." In *Events and Grammar*, edited by S. Rothstein, Kluwer Academic Publishers.

Chomsky, N. and Halle M. 1968. *The Sound Pattern of English*. New York: Harper and Row.

Chomsky, N. 1986a. *Knowledge of Language: Its Nature, Origin and Use*. New York: Praeger.

Chomsky, N. 1986b. *Barriers*. Cambridge, MA: MIT Press.

Chomsky, N. 1981. *Lectures on Government and Binding*. Dordrecht: Foris.

Chomsky, N. 1975. *Reflections on Language*. New York: Pantheon.

Chomsky, N. 1957. *Syntactic Structure*. The Hague: Mouton.

Chomsky, N. 1995. *The Minimalist Program*. Cambridge, MA: Massachusetts Institute of Technology Press.

Cinque, G. 1993. "A Null Theory of Phrase and Compound Stress." *Linguistic Inquiry* 24: 239 – 298.

Dai, J. X. L. 1992a. "The Head in Wo Pao DE Kuai." *Journal of Chinese Linguistics* 20: 84 – 119.

Dai, J. X. L. 1992b. "Rethinking Case Theory for Constituency and Word Order in Chinese." *Journal of the Chinese Language Teaching Association* 27: 85 – 110.

De Vries, M. 2002. *The Syntax of Relativization*. Utrecht: LOT.

Di Scullo, A. – M. & Williams, E. 1987. *On the Definition of Word*. Cambridge, MA: MIT Press.

Elordieta, G. 1997. *Morphosyntactic Feature Chains and Phonological Domains*. Doctoral dissertation, University of Southern California.

Ernst, T. 1995. "Negation in Mandarin Chinese." *Natural Language and Linguistic Theory* 13: 665 – 707.

Ernst, T. 1986. *Restructuring and the PSC in Chinese*. Ms, Ohio State University.

Erteschik-Shir, N. 2006. "On the Architecture of Topic and Focus." In *The Architecture of Focus*, edited by V. Molnár & S. Winkler. Berlin: Mouton de Gruyter.

Feng, S. 2003. "Prosodically Constrained Postverbal PPs in Mandarin Chinese." *Linguistics* 41 (6): 1085 – 1122.

Feng, S. 1995. *Prosodic Structure and Prosodically constrained Syntax in Chinese*. Doctioral Dissertation. University of Pennsylvania.

Frascarelli, M. 2000. *The Syntax-Phonology Interface in Focus and Topic Constructions in Italian*. Dordrecht/Boston/London: Kluwer Academic Publishers.

Halle, M. & Vergnaud, J. R. 1987. *An Essay on Stress*. Cambridge, Mass. : MIT Press.

Halle, M. & Vergnaud, J. R. 1978. *Metrical structures in phonology*. MS, MIT.

Halliday, M. A. K. 1967. "Notes on Transitivity and Theme in English (Part II) ." *Journal of Linguistics* 3: 199 – 244.

Hashimoto, Anne Yue. 1971. "Descriptive adverbials and the passive construction." *Unicorn* 7: 84 – 93.

Hayes, B. 1980. *A Metrical Theory of Stress Rules*. Doctioral Dissertation, MIT.

Hayes, B. 1995. *Metrical Stress Theory: Principles and Case Studies*. Chicago: The University of Chicago Press.

Hayes, B. 1989. "The prosodic Hierarchy in Meter. " In *Rhythm and Meter*, edited by P. Kiparsky & G. Youmans. Orlando, FL: Academic Press.

Her, O. – S. 1999. *Grammatical Representation of Idiom Chunks.* International Association of Chinese Linguistics 8th Annual Conference, Melbourne, Australia.

Hogg, R. & McCully, C. B. 1987. *Metrical Phonology*: *A Coursebook.* Cambridge: Cambridge University Press.

Huang, C. – T. J. , Li, Y. – H. & Li, Y. 2009. *The Syntax of Chinese.* New York: Cambridge University Press.

Huang, C. – T. J. 1982. *Logical Relations in Chinese and the Theory of Grammar.* Doctoral dissertation, Massachusetts Institute of Technology.

Huang, C. – T. J. 1997. "On Lexical Structure and Syntactic Projection. " *Chinese Languages and Linguistics* 3: 45 – 89.

Huang, C. – T. J. 2005. *On Syntactic Analyticity and the Other End of the Parameter.* Lecture notes from LSA 2005 Linguistic Institute course. Ms. , Harvard University.

Huang, C. – T. J. 1984. "Phrase structure, lexical integrity, and Chinese compounds. " *Journal of the Chinese Language Teachers Association* 19: 53 – 78.

Huang, C. – T. J. 1994. "Verb Movement and Some Syntax – Semantics mismatches in Chinese. " *Chinese Languages and Linguistics* 2: 587 – 613.

Huang, C. – T. J. 1991. "Verb movement, (in) definiteness, and the thematic hierarchy. " In *Proceedings of the Second International Symposium on Chinese Languages and Linguistics*, edited by Paul J. – K. Li, C. – R. Huang, & Y. – C. Lin. Taipei: Academia Sinica.

Huang, C. – T. J. 1988. "Wo Pao De Kuai and Chinese Phrase

Structure. " *Language* 64 （2）: 274 – 311

Huang, Y. 1994. *The Syntax and Pragmatics of Anaphora*. Cambridge: Cambridge University Press.

Inkelas, S. & Zec, D. 1990. *The Phonology-Syntax Connection*. Chicago: University of Chicago Press.

Jackendoff, Ray. 1972. *Semantic Interpretation in Generative Grammar*. Cambridge, MA: The MIT Press.

Jackendoff, Ray. 2009. "Compounding in the Parallel Architecture and Conceptual Semantics. " In *The Oxford Handbook of Compounding*, edited by Rochelle Lieber & Pavol Stekauer. Oxford: Oxford University Press.

Kahnemuyipour, Arasalan. 2004. "The Syntax of Sentential Stress. ' Ph. D diss. , University of Toronto.

Kanerva, J. 1990. "Focusing on Phonological Phrase in Chichewa. " In *The Phonology-Syntax Connection*, edited by S. Inkelas & D. Zec. Chicago: The University of Chicago Press.

Kayne, R. 1994. *The Antisymmetry of Syntax*. Cambridge, MA: Massachusetts Institute of Technology Press.

Kenesei, I. & Vogel, I. 1990. *Focus and Phonological Structure*. Ms, University of Cambridge and University of Budapest.

Keyser, S. J. & Thomas R. 1984. "On the Middle and Ergative Constructions in English. " *Linguistic Inquiry* 15: 381 – 416.

Kiparsky, P. 1979. "Metrical Structure Assignment is Cyclic. " *Linguislic Inquiry* 10: 421 – 442.

Koenig, J. – P. 1994. "Lexical Underspecification and the Syntax-Semantics Interface. " Ph. D diss. , University of California at Berkeley.

Ladd D. Robert. 1980. *The Structure of Intonational Meaning.* Indiana University Press.

Larson, R. 1988. "On the Double Object Construction. " *Linguistic Inquiry* 19 (3): 335 – 392.

Liberman, M. & Prince, A. 1977. "On Stress and Linguistic Rhythm. " *Linguistic Inquiry* 8: 249 – 336.

Liberman, M. 1975. "The Intonational System of English. " Ph. D diss, MIT.

Li, C. & Thompson, S. 1981. *Mandarin Chinese: A Functional Reference Grammar.* Berkeley: University of California Press.

Li, Y. – H. A. 1990. *Order and Constituency in Mandarin Chinese.* Dordrecht: Kluwer.

Li, Y. 2005. X^0: *A Theory of the Morphology-Syntax Interface.* Cambridge, MA: The Massachusetts Institute of Technology Press.

Lu, Bingfu & Duanmu, San. 1991. "A case Study of the Relaition Between Rhythm and Syntax in Chinese. " Paper presented at the Third North America Conference on Chinese Linguistics.

Lu, Bingfu & Duanmu, San. 2002. "Rhythm and Syntax in Chinese: A Case Study. " *Journal of Chinese Language Teachers Association* 37 (2): 123 – 136.

MaCawley, J. J. 1992. "Justifying Part of Speech Assignments in Mandarin Chinese. " *Journal of Chinese Linguistics* 20: 211 – 246.

McCarthy, J. J. & Prince, A. S. 1998. "Prosodic morphology. " In *The Handbook of Morphology*, edited by Andrew Spence & Arnold M. Zwicky. Oxford: Blackwell.

McCarthy, John & Alan Prince. 1993. "Prosodic Morphology I: Constraint Interaction and Satisfaction. " Unpublished manuscript, University of Massachusetts and Rutgers University.

Nava, E. & Zubizarreta, M. L. 2010. "Deconstructing the Nuclear Stress Algorithm: Evidence from Second Language Speech." In *The Sound Patterns of Syntax*, edited by N. Erteschik Shir & L. Rochman. Oxford: Oxford University Press.

Nespor, M. 1993. *Fonologia*. Bologna: IL Mulino

Nespor, M. & Vogel, I. 1986. *Prosodic Phonology*. Foris: Dordrecht.

Nespor, M. & Vogel, I. 2007. *Prosodic Phonology: with a New Foreword*. Berlin: De Gruyter.

Nespor, M. & Vogel, I. 1983. "Prosodic Structure above the Word." In *Prosody: Models and Measurements*, edited by A. Cutler & D. R. Ladd. Berlin, Heidelberg, New York, Tokyo: Springer.

Ning, C. Y. 1995. "De as a Functional Head in Chinese." Paper presented at the annual forum of the Linguistic Societ of Hong Kong, Hong Kong.

Ning, C. Y. 1996. "De as a Functional Head in Chinese." *Working Papers in Linguistics*. University of California, Irvine.

Ouhalla, J. 1999. *Introducing Transformational Grammar: From Principles and Parameters to Minimalism*. London: Edward Arnold.

Potts, C. 2005. *The Logic of Conventional Implicatures*. Oxford: Oxford University Press.

Quirk, R. , Greenbaum, S. , Leech, G. & Svartvik, J. 1972. *A Grammar of Contemporary English*. London: Longman.

Radford, A. 1997. *Minimalist Syntax: A Minimalist Introduction*. Cambridge: Cambridge University Press.

Radford, A. 1981. *Transformationasl Syntax*. Cambridge: Cambridge University Press.

Reinhart, T. 2006. *Interface Strategies: Optimal and Costly Computation*.

Cambridge, Ma: MIT Press.

Rizzi, L. 1990. *Relativized Minimality*. Cambridge, MA: Massachusetts Institute Technology Press.

Rochemont, M. S. 1986. *Focus in Generative Grammar*. John Benjamins Publishing Company.

Ross, C. 1984. "Grammatical Categories in Chinese." *Journal of Chinese Language Teachers Association* 2: 1 – 22.

Ross, C. 1983. "On the Function of Chinese de." *Journal of Chinese Linguistics* 11: 214 – 246.

Selkirk, E. 1980a. "Prosodic domains in phonology: Sanskrit revisited." In *Juncture*, edited by Mark Aronoff & Mary-Louise Kean. Saratoga, CA: Anma Libri.

Selkirk, E. 1980b. "The role of prosodic categories in English word stress." *Linguistic Inquiry* 11: 563 – 605.

Selkirk, E. 1986. "On derived domains in sentence phonology." *Phonology Yearbook* 3: 371 – 405.

Selkirk, E. 1984. *Phonology and Syntax: The Relation between Sound and Structure*. Cambridge, MA: Massachusetts Institute of Technology Press.

Shyu, S. 1995. "The Syntax of Focus and Topic in Mandarin Chinese." Ph. D diss, University of Southern California, Los Angeles.

Simpson, A. 2002. "On the Status of Modifying *de* and the Structure of the Chinese DP." In *On the Formal Way to Chinese Languages*, edited by S. W. Tang & C. – S. Liu. CSLI Publications.

Spencer, A. 1991. *Morphological Theory*. Oxford: Blackwell Publisher Ltd.

Tan, F. 1993. "Covert Category Change in Isolating Languages: The Case of Modern Chinese." *Linguistics* 31: 737 – 748.

Tang, C. – C. J. 1990. "Chinese Phrase Structure and the Extended X'-Theory." Ph. D diss, Cornell University.

Tang, S. – W. 1998. "Parametrization of Features in Syntax." Ph. D diss, University of California, Irvine.

Tsao, F. – F. 1990. *Sentence and Clause Structure in Chinese: A Functional Perspective.* Taipei: Student Book Co.

Van Valin, R. D. Jr. 2005. *Exploring the Syntax-Semantics Interface.* Cambridge: Cambridge University Press.

Zhuang, H. 2017. "Fake Attributives in Chinese: A Prosodic Grammar Perspective." *Language and Linguistics* 18 (1): 141 – 176.

Zhuang, H., Shi, W., Wang, M., & Liu, Z. 2013. "On *DE*: Its Nature and Features." In *CLSW* 2013, *LNAI* 8229, edited by Pengyuan Liu & Q. Su. Springer, Heidelberg.

Zubizarreta, M. L. & Nava, E. 2011. "Encoding Discourse-Based Meaning: Prosody vs. Syntax. Implications for Second Language Acquisition." *Lingua* 121 (4): 652 – 669.

Zubizarreta, M. L. 1998. *Prosody, Focus and Word Order.* Cambridge, MA: Massachusetts Institute of Technology Press.

Zubizarreta, M. L. & Vergnaud, J. – R. 2007. "Phrasal Stress, Focus, and Syntax." In *The Blackwell Companion to Syntax*, edited by M. Everaert & H. van Riemsdijk, Malden, MA: Blackwell.

索　引

缩略语

AP	形容词短语	Nom	名词化
Attr	定语	NomP	名化短语
C	黏附组	NP	名词短语
C（omp）	标句语	NS	核心重音
CP	标句短语	NSR	核心重音规则
D	限定语	O	宾语
DP	限定短语	P	介词
FinP	有定短语	PF	音系式
Foc	焦点	PP	介词短语
FocP	受焦短语	PrWd	韵律词
ForceP	导句短语	S	句子
Φ	韵律短语	［S］	重/强
GP	动名短语	Spec	指定语
I	语调短语	T	时
I（nfl）	屈折范畴	TAG	树形嫁接语法
IP	屈折短语	Top	话题
LF	逻辑式	TopP	话题短语

N	名词	TP	时短语
U	话语	VP	动词短语
V	动词	[W]	轻/弱
v	轻动词	ω	韵律词
*v*P	轻动词短语		

后　记

我们夫妻二人共同撰写此书，真是天意！本来张培翠研究二语教学与习得，我研究句法理论。自我感觉理论高于应用，平时便对她的研究颇为不屑。可是有一天，她终于忍无可忍，大声地宣布，她也可以搞基础研究。我听后放声大笑，觉得这几乎不可思议，言语中也颇有讥讽；她很是愤怒，发誓要把我"拍在沙滩上"。一来二去就较上了劲，她从我起家的"伪定语"着手，要一一瓦解我的立论根据，并在此基础上开启自己的基础研究历程。

然而，上帝也许对她格外垂青，她的研究竟得到了各种眷顾。首先，2014 年，她有关伪定语研究的初步思考获批教育部青年基金项目。接着她通过韵律句法来解释伪定语的文章《汉语伪定语现象之韵律句法阐释》先后被"第十九次现代汉语语法学术讨论会"（温州大学）和"汉语韵律句法前沿问题国际圆桌论坛"（香港中文大学）选中（该文后来入编《语法研究与探索》第 19 辑）。最令人吃惊的是，她竟然背着我偷偷申请了去威斯康星大学麦迪逊分校访学，并拿到了历史语言学家 Joseph Salmons 教授的邀请函。Salmons 教授是世界著名历史语言学家，也是著名历史语言学刊物 *Diachronica* 的执行主编，向来治学严谨，在音系、韵律方面一向有独到的见解。2010～2011 年我以中外联合培养博士身份在威大读书时就特别崇拜他。他的夫人 Monica Macaulay 教授也是语言学名家，在印第安语研究方面颇有造诣。他们夫妇二人在我心目中一直像神一样，毕业多年我甚至都不敢想象跟着 Salmons 教授访学。可张培翠却误打误撞，竟然获邀跟随 Salmons 教授学习。更神奇的是，2015 年 6 月，她申请的国家留学基金委的资助居然也获批了。

这时候，我就是再不屑，也不得不正视她的研究（纵是心里千般不服气，万般不平衡，也只能做起服务工作），先是费尽各种周折给老婆孩子签了证送去美国，之后又随时候命，为她整理各种材料（好在我之前关注过伪定语现象，当时也正在做一个相关的研究，各种材料还算比较熟悉；但我用的理论主要侧重于句法，她用的是韵律，两者虽有联系，但相去甚远）。

此外，让我郁闷的事情有很多，最要紧的一点就是我努力想找到某个现象"砸她的锅"，但每次都被她轻松化解。

一本书在我俩不断的争吵中慢慢完善，最后就成了今天这个样子。2018 年 8 月，这本书如期完成，并通过社会科学文献出版社选题评审。

此时此刻，我们感慨、欣喜之余，心中满满的都是感动。

我们感谢冯胜利先生。毋庸置疑，没有冯先生创设的韵律句法理论，就没有培翠的项目，没有本书，更没有我夫妻二人合作的可能。我们更感谢的是冯先生这些年来对我们一如既往的关心和指导。多年来冯先生不仅学术上给予我们无私的指导，还在生活上给我以无限的关怀。记得有一次，冯先生复印了一本我们急需的书，远从香港给我们寄来，收到那本书的瞬间，我俩相视无语，透过朦胧的泪眼，我依稀看到妻子脸上两串晶莹的泪珠……我们二宝 William 出生当天，冯先生在第一时间发来了贺词：

William's father，congratulations to you！

I am so happy for you, **your family and the world that William is here**！

Thank you for the wonderful news and looking forward to William's great future！

　　我们还要感谢前辈们的辛勤耕耘。的确，没有他们的先期成果，我们就无法完成这本书的写作。为撰写此书，我们参考了国内外大量的文献资料，除了一些经典理论巨著，吕叔湘（1965）、Chao（1968）、黄国营（1981，1982）、朱德熙（1982）、刘公望（1984）、萧国政（1986，2010）、Huang（1988，1997）、李锦望（1993）、张伯江（1994a，1994b）、张伯江、方梅（1996）、张云徽（1996）、陆汝占、靳光谨（1996）、张其昀（1996）、李敏（1997，2006）、金镇宇（1999）、邓思颖（2000，2008，2009，2010）、曲凤荣（2002）、傅满义（2003）、钱书新（2004，2005）、黄正德（2004，2008）、彭兰玉（2005）、吴垠（2007）、沈家煊（2007）、吴怀成（2008）、刘礼进（2009）、Huang，Li & Li（2009）、邵敬敏（2009）、李绍群（2010）、史金生、邝艳（2010）、潘海华、陆烁（2011）、韩巍峰、梅德明（2011）、郝静、贺麟茜（2012）、吴早生（2012）、杨炎华（2013，2014）、程工、熊建国、周光磊（2015）、胡建华（2016）等前贤对伪定语的权威论述更是给我们以启迪和激励。

　　在写作过程中，我们不仅从以往的研究中汲取养分，还得到了许多学者慷慨的馈赠和帮助，以下仅列出部分学者的姓名（音序排列）：

陈鑫海　端木三　黄　梅　姜　玲　李　果　李继燕　李　恬

李香玲　刘辰诞　刘基伟　刘泽权　刘振前　骆健飞　马宝鹏

牛保义　裴雨来　邱金萍　申少帅　苏　婧　索潇潇　王　迟

王　蕾　王丽娟　王永娜　徐　杰　杨朝军　殷世宇　尹玉霞
袁　愫　张克定　张梦杰　张又文　朱赛萍　Yafei Li
Monica Macaulay　Marlys Macken　Joseph Salmons
Hongming Zhang

此外，我们要感谢河南大学外语学院。自 2012 年来河大工作，外语学院就是我们的家，是我们生命的慰藉、精神的寄托。在这里，我们每月领着不菲的工资，每天活得优雅而幸福。河大敞开胸怀接纳了我们，这是何等幸运！感谢李恬博士当初给我们提供了这份工作信息，帮我们引荐主管领导；也感谢时任领导牛保义院长、万新芳书记、史富强院长、杨朝军院长、康天峰院长等给予了我们工作职位。

在这里，每天会见到著名语言学家徐盛桓、徐有志、张克定、牛保义、刘辰诞、杨朝军、姜玲等先生，徜徉在百年河大的学术氛围里，会不得不想为学术做点什么。

工作和生活中，同事对我们关怀备至，这里仅列出部分同事的姓名（音序排列）以表示感谢：

白玉杰　陈晶晶　冯君亚　付江涛　高　晶　高　娟　何晓芳
侯　健　黄　鑫　兰立亮　李关学　李巧慧　李淑静　林天羽
刘荡荡　刘　倩　马应聪　屈璟峰　任凤梅　孙李英　孙　文
王晓伟　王有芳　王照岩　王志坚　杨丽梅　杨清平　翟志远
张　博　张璟慧　张静苑　张　珂　张蕴睿　赵涛涛　郑　巍
郑宪信

他们如父如兄，如母如姊，包容我们的无知和轻狂，进而言传身授，教会我们做人做事。

最后，感谢我们的家人。我们夫妻俩来自沂蒙山区。我们走出山区，离开那片贫瘠的土地，背后家人的付出自是无须多言……我们不会忘记，小时候吃的每一张煎饼、花的每一分钱，都是父母辛勤的血汗；我们不会忘记，中学寄宿六年，每一次回家返校的包袱里，都是父辈沉甸甸的期盼；我们更不会忘记，这一路走来，离开了家乡，走出了大山，我们心里积淀了多少内疚和亏欠。是的，我们不会忘记！

我们夫妻结识十九载，相爱已十年；膝下二子，乖巧可爱；岁月静好，人生无憾。我们感谢人生，感谢命运，感谢彼此，感谢相逢相识。

庄会彬

2018 年 8 月于河南大学

图书在版编目（CIP）数据

汉语伪定语现象之韵律语法阐释 / 张培翠，庄会彬
著 . -- 北京：社会科学文献出版社，2019.8
ISBN 978 - 7 - 5201 - 4539 - 8

Ⅰ.①汉…　Ⅱ.①张…　②庄…　Ⅲ.①现代汉语 - 韵
律（语言）- 研究　Ⅳ.①H116.4

中国版本图书馆 CIP 数据核字（2019）第 048485 号

汉语伪定语现象之韵律语法阐释

著　　者 / 张培翠　庄会彬

出 版 人 / 谢寿光
责任编辑 / 李建廷
文稿编辑 / 韩宜儒

出　　版 / 社会科学文献出版社·人文分社　（010）59367215
　　　　　地址：北京市北三环中路甲 29 号院华龙大厦　邮编：100029
　　　　　网址：www. ssap. com. cn
发　　行 / 市场营销中心（010）59367081　59367083
印　　装 / 三河市东方印刷有限公司

规　　格 / 开　本：787mm × 1092mm　1/16
　　　　　印　张：9.75　字　数：131 千字
版　　次 / 2019 年 8 月第 1 版　2019 年 8 月第 1 次印刷
书　　号 / ISBN 978 - 7 - 5201 - 4539 - 8
定　　价 / 69.00 元

本书如有印装质量问题，请与读者服务中心（010 - 59367028）联系